KB0093554

의미의 발견

의미의 발견

물건이 아닌
의미를 파는 법

최장순 지음

틈새책방

내게 시간을 허락한 아내 미희와
엘레멘트LMNT 동료들에게
고마운 마음을 담아.

차례

셋, 의미의 이동

넷, 의미의 확장

지식 담론은 어리석게도 완결성을 주장함으로써
다른 사람들로 하여금 거짓말을 하게 만든다.

— 자크 라캉[•]

•   아니카 르메르 지음, 이미선 옮김, 《자크 라캉》, 문예출판사, 1998, 〈자크 라캉의 서문〉.

1. 이 책은 브랜드에 관한 책처럼 보일 것이다. 하지만 이 책에 나오는 브랜드 이야기들은 모두 달을 가리키는 손가락일 뿐이다. 내가 궁극적으로 말하고 싶은 메시지는 '의미의 획일화'를 경계하라는 것이다. 하필이면 그런 무거운 주제를 '브랜드'라는 손가락을 통해 이야기하는 걸까? 브랜드에 관한 생각은 이미 완성된 듯 보이고, 그 효력이 다한 것처럼 보인다. 하지만 차별화를 통해 판매를 극대화하려는 욕망이 사라지지 않는 한, 브랜드는 쉽사리 포기되지 않을 것이다. 브랜드는 근본적 차별화를 위해 자기다움을 드러낼 수 있는 효과적인 프레임이기 때문이다. 브랜드는 자본의 문법 안에서 작동하는 글로벌 공용어다.

'의미의 다양성'에 대하여

의미는 어떻게 획일적으로 조직되는 걸까? 소수의 언론에서 "브랜드의 몰락, 가성비가 답이다"라고 몇 번 떠들면, 어째서 모든 인식이 '가성비'로만 향하는 걸까? 어째서 "가성비도 끝물이다. 가심비다"라는 주장이 주입되면, 기존의 인식을 그리 쉽게 내팽개치는 걸까? 왜 여러 차원의 의미와 접근법이 공존한다는 생각을 하지 못하는 걸까? 이 책의 관심은 '의미의 다양성'에 있다. 의미의 획일화는 반드시 누군가를 소외시킨다. 이 책에서는 의미의 획일화를 극복하려는 몇 가지 시도를 보여 준다. 공동체가 하나의 의미 체계를 선택해야만 하는 순간에도 그렇게 선택한 과정을 이해해야 하고, 그 이면에 펼쳐진 다양한 의미의 가능성을 존중해야 한다. 그렇지 않으면 의미의 독재가 시작되며, 의미의 독재는 어떠한 유형의 독재보다도 훨씬 더 큰 정신적 내상을 입힌다. 소박한 인식이지만, 다음과 같은 과정이 끊임없이 반복되며 누군가의 이해관계에 기여하고 있다.

특정 현상에 대해 비슷한 해석만 내보내는 빅마우스들bigmouth →
먹고살아야 할 생물학적 필연성biological necessity을 따르느라 성찰의
시간이 없는 노동자들 → '받아쓰기 언론'의 획일화된 정보 재생산
→ 언론의 정보를 받아 유사한 인사이트를 생산해내는 다중multitude

→ 반성적 비판 역량을 결여한 노동자들 → …

과정은 지칠 줄 모르고 반복된다.

엥겔 지수의 증가, 저성장 침체 국면, 위기의식 조장, 끊임없이 강조되는 근면 노동…. 이것들을 일관되게 강조하니 우리의 관심은 늘 물적 토대basis에 머물러 있다. 그리고 토대에 대한 해석은 언제나 전문 술어로 가득 차 이해하기 어렵다. 열심히 일해야 먹고살 수 있는 노동자들은 토대에 대한 이해를 포기하고, '해석된 의미'를 받아들인다. 아마도 대중들은 인정하지 않을 것이다. 인터넷에서 열심히 정보를 찾고 소통하며 정보를 취사선택한다고 믿기 때문이다. 그리고 스스로를 '의미의 생산자'로 여긴다.

하지만 우리는 의미의 생산자로 자처하는 그 순간에도 뒤에서 의미를 획일화시키는 언어 권력이 존재한다는 것을 알아야 한다. 모든 분야에서 이 '의미의 권력' 기제에 맞설 수 있는 새로운 해석 체계와 프레임 들을 공유하고, 다양한 해석과 의미의 가능성을 열어 두어야 한다. 어떠한 의미를 선택하든 그건 공동체의 성숙된 토론과 합의를 통하면 될 것이다.

의미가 획일화되는 이유는 사람들이 무지해서가 아니다. 오히려 우리 시대의 글로벌 시민들은 과거에 비해 더 많은 것을 알고 있다. 정보가 엄청나게 쏟아지고 있고, 인터넷을 30분만 훑어봐도 어제보다 많은 지식을 갖출 수 있다. 지식의 양은 중요하지 않다. 의미의 획일화는 '다른 관점과 입장도 타당하다'는 당연한 상식을 인정하지 않기 때문에 발생한다. 새로운 해석을 배우는 것보다 중요한 건, 새로운 해석의 가능성에 대한 기대와 호기심이다. 새로운 의미, 새로운 해석, 그렇게 구축되는 새로운 세계. 공동체에 가장 적합한 최적의 세계가 어떤 모습인지, 보다 많은 사람들이 기쁘게 합의할 만한 수준의 해석이 무엇인지 알 수 있을 때까지, 우리는 의미를 끊임없이 미끄러뜨려야 한다. 의미의 층위를 넓히고, 각 의미에 존재감을 부여할 때, 누구도 소외받지 않는 세상을 만들 준비가 시작된다.

2. 이 책에 수록된 다음 이야기들은 월간지 〈샘터〉(2016) '브랜드 다이어리'에 게재했던 글의 일부를 수정한 것이다. 혹시 이미 〈샘터〉에서 몇 편의 글을 읽으셨다면, 글의 중복에 대해 미리 사과드린다. 〈샘터〉에서는 이야기할 여백도 기회도 없었으나, 당시 브랜드들을 선택하고 분류했던 나름의 기준이 있었다. 브랜드를 바라보는 몇 가지 차원과 소비 가치의 유형에 따라 브랜드를 선정하고 이야기했던 것인데, '의미의 확장' 파트에서 그 기준과 해석의 프레임을 소개했다.

   ― 개인의 꿈과 신화에 참여하는 브랜드: 나영석과 김태호
   ― 공동체의 미션을 수행하는 브랜드: '(RED)'
   ― 최적의 정보와 품질을 제공하는 브랜드: 아마존
   ― 인생을 즐기는 브랜드: 베트멍 Vetement

마지막 파트인 '의미와 시대'는 2019년 10월 17일 열린 '브랜드 비즈 컨퍼런스 2019'(주최: 일요신문사, 주관: 비즈한국)에서 발표한 내용

에 기초하고 있다. 나는 기조 강연자로 초대되어 '브랜드의 책임감'에 대한 기호학적이고, 시대사적 인식을 공유했다. 그러나 그 결론과 과정에 대한 충분한 논의가 이뤄지지 못해 아쉬움이 있어 이야기를 재구성했다.

3. 2017년《본질의 발견》을 썼다. 그 책에서 말한 '브랜드는 공동체에 기여해야 한다'는 생각엔 여전히 변함이 없다. 이 책 역시 그런 관점을 견지하며, 전작에서 인용했던 비유-플라톤의 동굴-의 서사 구조를 부분적으로 따른다. 동굴 속에서는 의미가 '사육'당하지만, 동굴 밖으로 나가면 의미의 폭넓은 스펙트럼과 두께를 확인할 수 있다. 동굴 밖으로 나갈 수 있는 저마다의 방법론이 필요하다. 이 책에는 매우 제한적인 수준에서 브랜드에 대한 몇 개의 관점, 브랜드 가치 해석에 대한 기호학적 방법론을 소개한다.

4. 기호학 Semiotics은 용어부터 쉽지 않은 학문이다. 기호학은 기호들의

삶을 연구하는 학문이다. 현상의 의미를 분석하고, 보이지 않는 모든 가능한 의미를 추적한다. 기호학은 다양한 의미가 존재할 수 있다는 가능성을 열어 둔다. 의미를 만들고, 유포하고, 해석하는 모든 과정에 참여할 수 있는 실용적 학문이다. 모든 현상이 기호에 해당하므로, 기호학은 공간, 음악, 회화, 표정, 자연 현상, 사람, 국가, 정부, 사람의 언어, 동작, 사물, 제품, 브랜드 등 모든 것을 연구 대상으로 삼는다.

움베르토 에코가 기호학을 "거짓말에 대한 하나의 이론A theory of the lie"이라고 언급한 건 이 모든 의미의 가능성을 염두에 둔 발언이었다. 다음의 선언은 매우 유명하다. "그래서 기호학은 원론적으로 거짓말을 하기 위해 이용될 수 있는 모든 것을 연구하는 학문이다Thus semiotics is in principle the discipline studying everything which can be used in order to lie."[1]

이 책에서는 '기호사각형'이라는 그레마스A. J. Greimas의 모델과 그

---

1   Umberto Eco, 《A Theory of Semiotics》, Indiana University Press, Bloomington, 1976, p.7.

것을 산업에서 사용하기 편하게 개조한 안드레아 셈프리니Andrea Semprini의 프레임을 소개할 것이다. 실제로 이 방법론은 내가 2011년부터 기업의 브랜드 분석과 소비 유형 파악을 위해 간헐적으로 사용한 모델 중 하나다.

5. 학부 시절 고려대 철학과의 수많은 전공 수업 가운데 고故 권창은 선생님의 강의가 유독 기억에 남는다. 나는 언어학과 소속이었지만 4학년 1학기 때까지 전공 수업보다 철학 수업을 더 많이 들었다. 결국 언어학 전공 수업 학점이 부족해서 졸업을 못 할 뻔한 기억도 난다. "민주주의는 단지 정치 시스템이 아니라 경제 공동체"라는 그분의 철학은 근 20년 동안 내 머릿속에서 사라지지 않는다. 덕분에 지금도 일종의 이상주의적인 '거대 서사'를 기획한다.

그분의 강의에서 남다른 통찰과 세계 해석에 대한 어원학적 접근을 조금 배울 수 있었는데, 지금 세상에 계시지 않은 게 너무 애석하기만 하다. 그 이후로도 무언가를 생각할 때 어원학 사전과 해당 개념의 계보적 근거를 찾으려는 습관이 생겼다.

책에는 그리스어 문장과 라틴어 문장이 조금 있다. 의미 해석을 위해 몇몇 사전과 용례들을 참조하며 해석한 것으로 해당 전공자가 보신다면 부족할 수도 있음을 미리 알린다. 나는 문헌학자도 아니고, 고대어 전문가도 아니다. 사전을 뒤지며 아는 만큼 해석해 나가는 수준인데, 독자들에게 군이 그런 고대어까지 공개하는 것은 두 가지 의도가 있다.

첫 번째 이유는, 의미의 기원이 생각보다 많은 시간을 머금고 있으며, 글로벌하다는 것을 상기시키기 위해서다. 우리가 생각지도 못했던 지역에서 유래한 단어도 있고, 상상도 못했던 문화적 코드 때문에 벌어지는 현상도 있다. 그런 의미의 이면에는 언제나 '바벨탑' 이후에 생겨난 다양한 언어들이 자리하고 있다.

두 번째 이유는 고대어를 정말 수준급으로 활용할 줄 아는 숨은 실력자들을 브랜드 혹은 시장의 담론으로 초대하기 위해서다. 동서고금의 텍스트를 섭렵할 수 있는 언어 실력자들이 상아탑에만 머물지 말고 시장으로 나와 담론을 이끌어 주길 바란다. 시장에서 지식 장사를 하는 나 같은 일천한 수준의 사람이 보건대, 여기서 통용되는 언어와 의미에는 더 많은 깊이와 두께가 필요하다. 그렇게 해서 많은 사람들이 '의미의 입체감'을 한번이라도 느낀다면, 획일화된 언어적 인식으로 좀처럼 돌아가기 어려울 것이다. 우리는 기본적으로 글로벌한 언어 기계들이며, 세상의 모든 언어 기계들은 의미를 해석하고, 생산하고, 교환하며, 의미로 공동체에 변화를 줄 수 있음을 알게 될 것이다.

석공과 청소부

1666년 런던, 어느 일요일의 한밤. 토마스 패리너의 베이커리에서 원인 모를 화재가 발생했다. 불은 삽시간에 런던 시내로 퍼졌다. 당시 화재 진압 기술로는 단숨에 불을 끄기 어려웠는지 화재는 무려 나흘간 지속됐다. 그 화재는 '폭풍처럼 번지는 불firestorm'이라 기록됐다. '6이 세 번 반복되는 해 불벼락이 내리리라'는 노스트라다무스의 예언까지 소환된 '런던 대화재Great Fire of London'였다. 전 세계 3대 화재 중 하나로 기록될 정도로 엄청난 화재였다. 이 불로 인해 세인트폴 대성당을 포함해 교회 87채와 주택 1만 3,200여 채가 소실됐다. 런던 전체 건물의 80%에 해당하는 셈이어서 사실상 모든 주택이 전소된 재앙이었다.

왕립재건위원회는 도시 복구를 시작했다. 그중 전소된 대성당의 복구를 크리스토퍼 렌Sir Cristopher Wren에게 맡겼다. 그는 당대 최고의 과학자였는데, 1663년 갑자기 건축으로 방향을 바

꾸어 걸출한 건축가가 된 인물이었다. 그는 세인트폴 대성당을
바로크 양식으로 재탄생시켰다.

어느 날 그가 대성당 공사장에 갔다.

"뭐 하고 계십니까?"
어느 석공에게 다가가 물었다.

"돌을 자르고 있습니다."
석공이 답했다.

렌은 다른 석공에게 다가가 똑같이 질문했다.
"뭐 하십니까?"

"하루에 5실링 2펜스를 벌고 있습니다."
두 번째 석공의 답이었다.

렌은 세 번째 석공에게 같은 질문을 던졌다.
"뭐 하십니까?"

"저는 크리스토퍼 렌을 도와 아름다운 성당을 짓고 있습니다."
세 번째 석공이 답했다.

"…!"

세 번째 석공은 앞의 두 사람과 달리 비전을 갖고 있었다. 돌을 깎는 행위 이면의 가치를 봤고, 일당을 챙기는 수준을 넘어 예술의 경지를 이해하고 창조의 아름다움을 알고 있었다.

이 이야기는 J. F. 케네디 대통령에 이르러 다르게 각색된 듯하다.

어느 날 케네디 대통령이 미항공우주국NASA에 방문했다. 케네디가 어느 청소부에게 다가가 물었다.
"무슨 일을 하시나요?"

청소부가 답했다.
"저는 달에 사람 보내는 일을 돕고 있습니다!I'm helping put a man on the moon!"

사실 이 이야기는 여러 버전이 있다. 등장하는 대통령도 다르고, 청소부의 답변도 조금씩 다르다. 하지만 자기가 무슨 일을 하는지 그 의미와 미션을 명확히 인지하고 있는 청소부 이야기라는 점은 똑같다. 청소부마저 달에 사람을 보내는 대의大義에 참여한다는 스토리는 케네디 대통령이 시작한 '문샷씽킹Moon Shot Thinking'의 정치적, 사회적 명분을 강화하는 데 좋은 소재로 사용됐을 지도 모른다.

위 두 이야기는 기업의 비전과 미션, 브랜드의 본질을 논의하는 자리에 종종 등장한다. 석공과 청소부는 모두 자기 일의 본질적 의미를 찾고 스스로 소명을 부여한 사람들이다. 기업이 기능적 경쟁이나 표면적 유행에 휩쓸리지 않고 자기다움을 구축하려면, 눈에 보이지 않지만 지속적으로 추구해야 할 숨은 의미를 발견해야 한다. 그리고 그것을 구체화해 가는 실천 행위가 필요하다. 하지만 석공과 청소부처럼 일의 의미를 본질적으로 파악하고 생각하는 직장인은 거의 없다. 모두가 자신이 맡은 세부적이고 구체적인 업무를 이야기한다.

"저는 마케팅을 합니다."

"거래처를 관리하고 영업하고 있어요."

"세무 회계를 담당합니다."

"기자들을 관리합니다."

"내부 직원 관리 차원의 이벤트를 기획하고 있어요."

어찌 보면 자연스러운 일이다. 대부분의 사람들은 자기 일의
표면적 기능을 넘어 그 이면을 바라보지 못한다. 사업을 하는
분들도 마찬가지다. 그분들에게 무슨 일을 하느냐고 질문하면,
대부분 본인이 제공하는 제품이나 서비스를 상세히 설명한다.

"가장 저렴한 가격의 상품만 큐레이션하는 사이트입니다."

"절삭력이 우수한 손톱깎이를 만들고 있습니다."

"각 분야 전문가들의 동영상 강의 플랫폼을 운영 중입니다."

"밀레니얼 세대를 위한 대화 커뮤니티를 운영합니다."

"내구성이 뛰어난 철망을 만들고 있어요."

이러한 대답은 경쟁사도 할 수 있다. 현상적 스펙에만 집중하면 본질적 차별화를 달성하기 어렵다. 소비자가 굳이 내 제품을 사야 할 이유가 없다.

기업인들, 마케팅 및 브랜딩 실무자들이 궁금해 하는 트렌드, 해마다 만능 해결사처럼 등장하는 새로운 마케팅 기법들은 이 책의 관심사가 아니다. 이 책은 표면적으로 보이는 것에만 주목하지 말고, 그 이면에 숨겨져 있는 다양한 의미를 동시에 봐야 한다는 오래된 관점을 환기시키고자 한다. 이러한 관점은 너무나 당연하지만 쉽게 간과된다. 그래서 이 책은 어떤 정답을 말하는 게 아니라, 답을 찾아나가는 과정에서 우리가 지녀야 할 태도를 이야기한다.

반대로 현상을 보지 않고 보이지 않는 본질만 바라보는 것도 문제다. 본질과 현상은 분리해서 생각할 수 없다. 하나의 본질은 다양한 현상으로 전개될 수 있다. 철없는 시절 한 아이의 '짝사랑'은 몰래 전하는 편지로 드러나기도 하지만, 사랑하는 아이를 놀리는 유치한 노래로 나타날 수도 있다. 거꾸로 서로 다른 현상들에서 동일한 본질을 발견하기도 한다. 김치, 간장, 요거트, 막걸리에서 '발효'라는 본질을 읽어낼 수 있다. 본질은 현상을 통해 파악되고, 현상은 본질을 통해 해석된다.

의미는 언제나 누군가에 의해 생산된다. 그리고 편집과 유통 과정을 거쳐 해석된다. 해석의 주체가 많을수록 의미는 다채롭게 펼쳐지고, 의미의 조정이 어려워진다. 모든 권력이 원하는 것은 바로 손쉬운 '의미의 조정'이다. 의미의 획일화는 의미의 생산-편집-해석-유통의 헤게모니를 장악하려는 노력으로 이어진다. 해석의 단일화, 의미의 환원주의. 환원주의는 언제나 섹시하다. 쉽고 강렬하니까. 그래서 매우 강력하다. 한동안 가성비만이 답인 것처럼 모두가 떠들었던 것도 일종의 환원주의다. 세상에 하나의 정답은 없다. 우리가 경계해야 할 건, 오답이 아니라 정답이 하나라는 사고방식이다.

획일적이고 단선적인 해석을 강요하는 건 '의미의 파시즘'이다(전체주의는 아예 말을 못하게 하지만, 파시즘은 하나의 의미로만 말하게 한다). 일상생활에서도 마찬가지다. 눈에 보이는 의미만 고집할 때, 현상의 주름 사이에 숨겨진 수많은 의미를 놓치게 된다. 세계는 기본적으로 다의적多意的, polysemic이어야 한다. 의미의 다양성은 세계를 건강하게 만든다.

단일한 해법만을 강요하는 모든 소박한 인식들. 이는 세계의 다양한 의미와 관계를 발견하려는 우리의 노력과 맞선다. 의미의 다양성을 수용하면 삶의 다양한 가능성을 볼 수 있다.

다양한 방식으로 삶을 살아갈 수 있다는 것을 알면, 다르게 살아가는 모든 생활인들의 삶을 존중할 수 있을 것이다. 나는 그렇게, 서로가 다른 모습으로 공존하며 인정할 줄 아는 공동체를 그려 본다.

하나,
의미의 시대

사자는 우리보다 빨리 달리지만,
우리는 더 멀리 달린다.

— 마사이족

쓰레기에서 찾은
새로운 의미

사람 앞에서 사자가 도망가는 희귀한 장면을 본 적이 있는가? 마음만 먹으면 사자의 씨를 말릴 것 같은 사람들. 사자 사냥꾼. 마사이 부족 이야기를 하려고 한다.

그들은 20대부터 50대까지 평균 신장 177cm라는 우월한 체격을 자랑한다. 19세기 서양에서는 로마 병사의 후예가 아프리카를 떠돌다 형성된 부족이라는 이야기가 돌 정도였다. 마사이족은 사자 사냥으로 유명하다. 그들의 사냥은 유럽 유력 일간지의 단골 주제이면서, 학문적 연구 대상이기도 하다. 어떤 논문에서는 그들 때문에 케냐 사자가 멸종 위기에 처했다는 진단을 내리기도 했다.

마사이족은 왜 그렇게 사자 사냥을 즐기는 걸까? 대부분은 전사로서의 입지를 강화(76%)하기 위해 사자를 죽인다고 말한다. 또는 젊어서부터 명망을 얻거나(29%), 용기 테스트(22%)

로, 혹은 여성의 관심을 끌기 위해(7%) 사자를 사냥한다.[1]

어느 자동차 회사는 '야생의 전사, 마사이족' 이미지를 자기 아이덴티티 강화에 활용했다. 랜드로버 Land Rover였다. 대표적인 고급 SUV 브랜드인 랜드로버는 2000년부터 마사이족의 이미지를 활용한 간헐적 캠페인을 전개했다. 'Land Rover'와 'Maasai'를 교차검색하면, 영앤루비컴 Y&R을 비롯한 복수의 광고 회사들이 만든 캠페인 광고를 볼 수 있다.

광고를 살펴보자. 랜드로버의 시선은 폐타이어 신발을 착용한 마사이족의 발에 고정돼 있다. 인간의 연약한 피부와 대조를 이루는 타이어의 질기고 둔탁한 이미지. 광고는 이를 랜드로버 상표가 부착된 SUV에 등치시킨다. 또한 속도 경쟁을 위한 슈

---

1 Mara J. Goldman et al, 〈Beyond ritual and economics: Maasai lion huntingand conservation politics〉, 《Oryx》, Cambridge University Press, 2013. 중복 응답 방식으로 설문 조사 진행.

2014년 랜드로버 광고.
© Greekvertising Athens

퍼카보다는 오래, 멀리 갈 수 있는 견고한 SUV라는 점을 헤드카피로 내세운다.

"사자는 우리보다 빨리 달리지만, 우리는 더 멀리 달린다."

폐타이어는 새로운 용도로 변형, 활용되지 못하면, 그저 환경을 망치는 쓰레기일 뿐이다. 이 광고는 폐타이어에 새로운 존재 의미를 부여한 마사이 부족의 시선과, 그 모습을 통해 새로운 의미를 발견한 자동차 회사의 인사이트를 동시에 보여 준다. 표면적 의미와 형태(폐타이어, 쓰레기)를 넘어, 어딘가 숨어 있을지 모를 새로운 의미(견고한 신발, 강인한 SUV)를 찾아낼 수만 있다면…. 우린 어쩌면 이 세상 모든 쓸모없는 것들에서 새로운 쓸모를 발견할 수 있을지 모른다.

이 과정은 무의미하다고 생각한 많은 것들에 새로운 의미를 부여하는 일이다. 새로운 의미는 사물과 사람의 관계를 재정의한다. 그리고 사람과 사람의 관계를 뒤바꾸기도 한다. 결국 새로운 의미를 부여하는 일은 새로운 세계를 만들어 갈 수 있는 관점을 구성하는 작업이기도 하다. 의미의 발견은 세계관의 발견이다. 쓸모의 발견, 색다른 의미, 새로운 세계관. 이는 세계에 대한 끊임없는 호기심, 사람에 대한 지속적인 관심 없이는 쉽게 이뤄지지 않는 것들이다. 누구든 새로운 세계를 기획하는 자는 명심해야 한다. 사람과 사물에 대한 애정과 깊이를 추구하는 시선 없이는 세계를 진실되게 탐험할 수 없다는 것을.

마사이족에게
파리가 의미하는 것

다시 마사이족으로 돌아가 보자. 문명의 흐름을 거부한 광야의 전사, '마사이' 하면 떠오르는 게 있다. 불과 창, 사자 사냥꾼, 그 외에도 화려한 장신구와 빨강과 파랑이 섞인 전통 의상 슈카shuka가 있다. 서구화된 시장에서는 '마사이 워킹', '마사이 커피' 등 마사이를 활용한 다양한 제품도 판매되고 있다. 마사이족의 슈카 패턴을 본뜬 패브릭 제품도 많이 팔리고 있다. 루이비통 같은 명망 있는 브랜드들도 마사이 패턴을 노골적으로 베낀 옷을 패션쇼에 선보이기도 했다.

마사이족에 대한 여러 자료와 사진 들을 흥미롭게 보다가 마사이족 여성 얼굴에 파리가 여기저기 달라붙은 사진을 발견했다. 매우 자연스러운 표정이었다. 파리를 떼어 내려는 아주 작은 손짓도 하지 않았다. 나는 그들을 보며 무척 의아했다.

'왜 얼굴에서 파리를 떼어 내지 않는 거지?'

마사이 여인의 얼굴에 파리가 여러 마리 앉아 있다.
ⓒWikipedia

난 그들이 파리에 매우 익숙해져서 간지러움을 덜 느낄지 모른다고 생각했다. 또 위생 개념이 우리와 다르기 때문이라고도 생각했다. 다른 사람들도 파리가 붙어 있는 마사이족의 얼굴을 보는 순간, 마사이족이 위생과 경제적 차원에서 열악한 상황에 처해 있다고 느낄 것이다.

비즈니스 감각을 타고난 사람들은 이 사진을 보는 순간 살충제를 팔 기회를 발견했을 것이다. 과연 마사이족들은 살충제를 기꺼이 구매할까? 배리 페이그Barry Feig의 저서 《핫 버튼 마케팅Hot Button Marketing》을 보면 그럴 가능성은 낮아 보인다. 반半 유목 생활을 하는 마사이족은 식량과 가죽을 제공하는 소와 양을 매우 중시한다. 그리고 얼마나 많은 가축을 보유하느냐가 부 富의 기준이다. 가축이 많을수록 부유하다. 그런데 가축은 파리 떼를 동반한다. 주로 가축을 돌보는 아내의 얼굴과 머리에는 파리가 꼬인다. 파리가 없으면, 가축도 없고, 신분도 높지 않다No flies, no cattle, no status.[2] 그러니까 가축을 기르는 마사이족 누군가에게 파리는 부의 상징이 될 수 있다. 이런 사회적 맥락이 있는데, 누군가 와서 파리를 없앤다면 반가워할 사람이 몇이나 될까? 마사이족에게 '에프킬라F-Killer'는 분명 반가운 아이템이 아닐 것이다.[3]

---

2   Barry Feig, 《Hot Button Marketing》, Kindle Edition, 2006, p.220. 상징은 같은 국가 안에서도, 도심과 시골 등 지역별 특성에 따라 다를 수 있으며, 시간의 흐름에 따라 그 의미가 달라질 수 있다. '파리' 역시 그럴지 모른다.

3   얼굴에 붙은 파리를 내쫓지 않는 또 다른 이유로 '물에 대한 숭배'가 거론된다. 마사이족에게는 물이 귀하다. 그래서 신뢰할 수 있는 사람과 악수를 할 때는 손에 침을 먼저 뱉는다. 침도 물이기 때문이다. 내 얼굴의 수분을 섭취하러 온 파리를 내쫓는 건 너무 야박하고, '물에 대한 숭배'가 부족한 행위로 통한다.
'물 확보에 목숨 거는 케냐 부족들', 〈매일경제〉, 2005년 10월 2일자.

오른뺨을 맞았는데
왼뺨까지 내밀라는 이유

38 너희는 눈에는 눈, 이에는 이로 대하라는 말씀을 들어왔다.

39 내 너희에게 말하노니, 악에 대항하지 말라. 하지만 누구든
네 오른뺨을 치면, 반대쪽을 돌려대라.

　—〈마태복음〉5장 38~39절

38 Ἠκούσατε ὅτι ἐρρέθη, ὀφθαλμὸν ἀντὶ ὀφθαλμοῦ
καὶ ὀδόντα ἀντὶ ὀδόντος. 39 ἐγὼ δὲ λέγω ὑμῖν μὴ
ἀντιστῆναι τῷ πονηρῷ: ἀλλ' ὅστις σε ῥαπίζει εἰς τὴν
δεξιὰν σιαγόνα, στρέψον αὐτῷ καὶ τὴν ἄλλην.

　—ΕΥΑΓΓΕΛΙΟΝ ΚΑΤΑ ΜΑΘΘΑΙΟΝ, 5:38-39

눈에는 눈 ὀφθαλμὸν ἀντὶ ὀφθαλμοῦ

이에는 이 ὀδόντα ἀντὶ ὀδόντος

《성경》의 〈출애굽기〉는 '눈은 눈으로, 이는 이로, 손은 손으로, 발은 발로' 갚아야 한다는 설명으로 과실 치상에 관한 법령을 기록하고 있다(21장 24절). 이러한 규율은 〈레위기〉에서도 발견된다. '눈은 눈으로, 이는 이로, 이렇게 남에게 상처를 입힌 만큼 자신도 상처를 입어야 한다.'(24장 20절).

예수의 등장으로 이러한 보복과 앙갚음의 논리는 사라졌다. 예수는 오랜 약속을 깨고 새로운 언약을 전했다. 신약新約은 구약의 극복이자, 예수의 복음이다.

  "'눈에는 눈, 이에는 이'라는 복수의 규율을 들어온 걸 잘 알고
  있다. 나는 악에 대들지 말라고 말한다. 하지만 누구든 오른뺨

을 맞으면 왼뺨을 내밀어라."

　　—〈마태복음〉 5장 38~39절

　　그동안 이 구절은 많은 이들에게 상대가 분이 풀릴 때까지 맞으라는 무기력한 저항으로 해석됐다. 여러 그럴싸한 어려운 해석들이 많지만, 썩 와닿지 않는다.

　　이 말의 정확한 의미를 이해하기 위해서는 예수가 살던 공동체의 풍습과 규율을 이해할 필요가 있다. 예수 생전 유대인들의 쿰란 공동체에서는 몇 가지 부적절한 행위를 금지하고 있었다. '연장자의 권위에 도전하는 것', '말을 중간에 가로채는 것', '회의 도중 조는 것', '회의 중 침 뱉는 것', '왼손으로 가리키는 것'. 이런 행위를 하면 공동체 추방, 회의 참석 금지, 일정 기간 동안 식량 배급 감량 등 페널티가 따랐다.[4] 당시 왼손은 성스럽지 못한 것이고, 깨끗하지 않은 일을 할 때만 쓰여야 했다. 이러한 문화적 코드를 전제하고 위 구절을 다시 읽어 보자.[5]

당시에는 누군가를 때리기 위해선 오른손을 써야 했다. 왼손은 더러운 일에만 허용됐기 때문이다. '오른뺨을 맞으면'이라는 구절과 때리는 오른손을 겹쳐서 생각해 보면, 동작이 자연스럽지 않다. 상대의 오른손으로 내 오른뺨을 맞으려면 손등으로 맞아야 한다. 손등으로 때리는 행위는 단지 상처를 입히기 위함이 아니라, 모욕하고, 굴욕감을 주고, 비하하는 행위였다. 이는 상

---

4 Eyal Regev, 《Sectarianism in Qumran: A Cross-Cultural Perspective》, De Gruyter, 2007, p.120~121.

5 완벽한 이해를 위해 오른손으로 따라하면서 읽길 권유한다. 이하 해석에 대해선 미국의 진보 신학자 월터 윙크Walter Wink에게 큰 빚을 지고 있다. Walter Wink, 《The Powers that be: Theology for a New Millenium》, Kindle Edition, Doubleday, 1998, p.101~103.

대가 동등한 인간이 아니라, 열등한 존재라는 걸 다시 확인하는 행위였다. 당시에는 주인이 노예를, 남편이 아내를, 부모가 자녀를, 로마인이 유대인을 때릴 때 이런 관계 설정이 가능했다.

그래서 '오른뺨을 맞으면 반대로 돌려 대라'는 말은 손등으로 맞지 말라는 뜻이다. 모욕을 당하며 열등한 존재가 되지 말라는 의미다. 이는 '나는 당신과 동등한 인간이다'라는 선언을 의미한다. 자존을 지키는 저항이다. 보복과 앙갚음을 동반하지 않은 비폭력이다. 이러한 독법을 따르면, 예수는 순응적이고 피동적인 종교 지도자에서 적극적이고 능동적인 비폭력 저항주의자로 변모한다.

말의 주름 사이에는 또 다른 의미가 숨겨져 있다. 언어의 표층 이면에 놓인 문화적 코드는 의미의 새로운 지평을 열 단서를 제공한다.

신은 대부분의 사람에게 숨겨져 있다.
그러나 신이 은총을 베푼 몇몇 선택된 사람은
신을 볼 수 있다.

— 루시앙 골드만 •

• 　루시앙 골드만 지음, 송기형·정과리 옮김, 《숨은 神》, 연구사, 1986, p.41.

숨은 신 Hidden God,
숨은 의미

7세기 예루살렘은 이슬람 세력의 지배하에 놓인다. 그런데 이 시기 예루살렘을 찾은 순례자들이 이슬람 세력에게 박해를 받았다는 소문이 돌기 시작했다. 동로마제국은 이 소문을 전략적으로 활용해 세력 확대를 꾀했다. 전쟁의 명분을 마련한 것이다. 당시 교황 우르바노 2세 Pope Urbano II 역시 정치적인 이유로 같은 입장에 섰고, 아예 성지를 탈환해야 한다는 여론을 조성했다. 십자군전쟁의 시작. 전쟁은 약 200여 년간 지속됐다.

결과는 이슬람의 승리. 십자군은 패배했고 교황은 정치적 입지가 줄어들었다. 그와 이해利害를 함께했던 봉건 제후와 기사들은 전사하거나 힘을 상실했다. 반면 교황권과 지속적으로 대립하던 왕권은 강화됐다. 십자군 원정로를 통해 동방 무역이 활성화됐고, 상인의 힘이 강해졌다. 십자군 원정의 실패는 결국 봉건제 붕괴로 이어졌다. 정치적 역학 구도가 바뀌었다.

바뀐 건 힘의 관계만이 아니었다. 세계 해석의 프레임 또한

영국인이 사랑하는 영웅, 사자왕 리차드 1세. 하지만 그는 영어를 못하고 불어를 썼던, 정치에 무능했던 왕으로 평가받는다. 전투에서 보인 숱한 무용담으로 유명한 리차드 왕. 그가 3차 십자군 원정에서 전투 중 말에서 떨어지자, 적장이었던 살라딘마저 리차드 왕에게 명마를 내어 주면서 경의를 표했다는 일화가 있다. ©Merry-Joseph Blondel

권력 이동에 따른 세계관의 변화		
교황	→	왕
신학 / 신앙	→	과학 / 이성
지방 분권	→	중앙 집권
봉건 영토 중심	→	도시 중심

전복됐다.

봉건 영토를 중심으로 구축됐던 공동체는 서서히 해체됐고, 국가와 도시는 어디서든 살 자유와 권리가 있는 '개인'을 강조했다. 신의 섭리로 운영되던 세계는 무한한 우주로 대체됐다. 한때 신의 영혼이 깃든 인간과 사물은 독립된 원자原子, Atom로 전락했다.

17세기 무렵 데카르트의 천부 이성, 갈릴레이의 지동설 등 기존 신념 체계를 흔드는 과학의 시대가 도래하자, 더 이상 세계 해석의 기준이 되지 못한 신은 더욱 깊은 곳으로 숨었다. 스스로가 세계의 원리가 되지 못했기 때문이다. 이제 해석의 헤게모니는 이성적 사유를 근간으로 한 물리학과, 신의 개입이 제거된 철학이 장악한다. 봉건제의 붕괴 과정을 거쳐, 신대륙이 발견된 15세기 말부터 17세기까지의 유럽은 이른바 '초자연성의 제거' 과정을 겪었다. 원래부터 숨어 있던 신 Deus Absconditus [6]은 진짜로 숨어 버렸다. 있지만, 어딘가 숨어 있는 신. 존재하지만 부재하는 신. 이후 모든 의미의 원천은 신이 아니라 과학, 즉 인간의 이성이 됐다. 신과 악마, 천사로 바글거리던 우주는 텅 빈 물리학적 공간이 됐다.

숨어 버린 의미 Hidden Meaning

광고만 하면 팔리던 시대가 있었다. 수십 년에 걸쳐 광고와 마케팅을 지속하면서 기업은 시장을 설명하고 이끌어 가는 '신'처럼 행세해 왔다. 이제는 제품과 서비스를 판매하는 기업의 영

---

6 〈이사야〉 45장 15절을 보라. '구원자 이스라엘의 하나님이여 진실로 주는 스스로 숨어 계시는 하나님이시니이다 vere tu es Deus absconditus Deus Israhel salvator.'

향력이 예전 같지 않다. 정보 비대칭이 해소되고 있기 때문이다. 인터넷, SNS의 도움으로 기업이 독점하거나 은폐했던 정보들이 유통되고, 이에 따라 소비 부족Tribe 지형이 다채롭게 이합집산하고 있다. 그들의 상호작용 덕에 기업발 메시지의 영향력은 상당 부분 축소됐다. 이제 힘은 소비자들이 쥐고 있는 듯 보인다.

마케팅은 여전히 중요하지만 고객 경험Customer eXperience은 더욱더 중요하다. 기업의 대對고객 커뮤니케이션도 중요하나, 고객 간 상호 커뮤니케이션은 더욱더 중요하다. 독특한 판매 제안USP, Unique Selling Proposition만 하면 적당히 팔리던 시대가 있었다. 지금은 사정이 다르다. 상품이나 서비스는 과거에 비해 수백 배 이상 늘어 선택의 폭이 넓어졌지만, 거의 대부분이 유사해서 꼭 무언가를 고집해야 할 이유가 없다. 하지만 그 가운데에서도 선택되는 상품들은 대개 남과 다른 어떠한 '의미'가

시장의 정보 비대칭 해소에 따른 소비 역학의 변화		
기업	→	고객 (소비자)
마케팅 중심	→	고객 경험 중심
B2C (Business to Customer)	→	C2C (Customers to Customers)
USP (Unique Selling Proposition)	→	Hidden Meaning

있다.

슬랙스 팬츠를 살 때, 구겨지지 않아 관리가 용이하다는 '유용성'뿐 아니라, 입으면 다리가 길어 보인다는 '심미적 이유'로 사는 사람들이 있다. 또 향수를 살 때, '향 그 자체'보다도 '이성의 호감을 얻을 수 있다'는 기대 심리가 향수 구매를 유발할 수도 있다. 전자는 '팬츠'라는 제품이 아니라 '롱다리'를 구매하는 것이고, 후자는 '향수'가 아니라 '유혹'을 구매하는 것이다. 마찬가지로 누군가는 커피의 풍미를 구매하지만, 카페의 자유로운 분위기나 멋진 인테리어 경험을 구매하기도 한다. 비슷한 품질의 두루마리 휴지도 '잘 풀리는 집'으로 네이밍을 하면 '만사형통'을 의미하여 매출을 올릴 수 있다.

그동안 소비자가 찾은 것은 좀 더 나은 제품이 아니라 자신에게 필요한 '의미'였다. 하지만 신이 숨은 것처럼 그 의미들도 숨어 버렸다. 의미는 숨어 버렸으나, 어딘가에 반드시 있다.

제품의 유용성만으로 진정한 차별화를 두기 어려운 시대다. 공급의 과잉 때문이다. 다품종 소량 생산이 보다 수월해졌고, 누구나 유사한 원제품을 구하여 공급할 수 있다. 소수의 혁신 제품을 제외하고는 대부분의 제품이나 서비스가 비슷비슷하다. 제품의 스펙만으로 구매를 유도할 만한 결정적 요인key buying factor을 구성하지 못한다면, 제품 외적인 영역에서 구매 이유를 제시해야 한다. 그리고 그 구매 설득은 소비자가 받아들일 수 있는 의미로 구성될 때 강력한 효과를 낼 수 있다.

문제는 그 의미가 무엇인지 알기 어렵다는 것이다. 신이 숨어 버린 것처럼, 소비자들이 찾는 그 의미는 언제나 숨어 있다. 수많은 조사에서 응답한 소비자들의 답변은 언제나 표면적일 뿐, 속마음을 대변하지 못한다. 소비자는 자기가 원하는 게 무엇인지 정확히 알지 못한다. 우리는 스스로의 욕망을 본질로부터 파악하기 어렵다. 그래서 자크 라캉의 말처럼, 인간은 타자로부터 확인되는 '타자의 욕망'을 욕망할 뿐이다.

유감스럽게도 난 그 숨어 버린 의미를 명쾌하게 파악할 단순한 도식이나 해법을 알지 못한다. 다만 여러 의미의 영역을 펼쳐 놓고, 단서들을 겹쳐 보면서 놓친 의미가 무엇인지 탐구해 나갈 뿐이다. 중요한 것은 의미가 획일화돼 있지 않다는 것이다. 의미의 다양한 굴곡을 파악하기 위해서는, 매출만을 향하는 단선적 관점을 지양하고, 사람을 이해하려는 다양한 관점과 보이지 않는 것에 대한 탐구를 여유롭게 용인할 수 있어야 한다.

지금의 마케팅과 브랜딩, 그리고 기업 경영은 매출 극대화를 위한 고객 유인 기법에 몰두한다. 행동경제학적 사고에 빠져 있다는 이야기다. 그러한 사고는 필요한 전술적 방법론을 제공할 수는 있으나, 인간을 본질적 관점에서 이해하는 데에는 한계가 있다. 앞으로의 브랜딩, 마케팅, 기업 경영은 소비자가 아니라, 사람을 보다 입체적으로 이해하고, 그/녀가 속한 공동체에 어떠한 '의미'를 선사할 것인지 고민해야 한다.

'공동체에 어떠한 의미를 제공할 것인지' 고민하는 건 자기업의 진정한 의미가 무엇인지 고민하는 것과 같다. 자기 업의 본질을 명확히 파악하는 건 지속 가능한 경영을 위한 필수 조건이다. 사업을 확장해야 할 때도, 사업 철수를 결정할 때도, 마케팅 방식을 정해야 할 때도, 타 기업과 협업을 논의해야 할 때도 마찬가지다.

개인이 자신의 진로를 결정지을 때도 마찬가지다. 자신이 추구하는 철학이 있는 사람이라면, 피치 못할 사정이 없는 한 그에 반하는 일을 하지 않을 것이다. 그러한 일관된 자기다움이 있는 이는 그렇게 '브랜드'로 거듭난다.

다시 기업의 이야기로 돌아오면 기업의 규모가 어떻든 상관

없다. 1인 기업이건, 강소 기업이건, 중견 기업이건, 대기업이건 기업 안팎에서 지속적으로 강화돼 온 '의미'는 기업을 '브랜드'로 만든다. 그리고 브랜드는 어려운 시장 환경 속에서 업의 본질을 지키고, 버틸 수 있는 힘과 명분이 된다. 그래서 모든 경영을 위한 궁극적 판단 기준은 '이익'이 아니라 '의미'가 돼야 한다.

지금은 의미의 시대다. 사실 태초부터 의미의 시대였는지도 모른다. 단지 우리가 인정하지 않았을 뿐.

요한은 말한다.[*]

태초에 말씀_{로고스}이 있었고,

말씀은 신과 함께 있었으며,

신은 곧 말씀이라고.

Ἐν ἀρχῇ ἦν ὁ λόγος,

καὶ ὁ λόγος ἦν πρὸς τὸν θεόν,

καὶ θεὸς ἦν ὁ λόγος.

---

[*]　〈요한복음〉 1장 1절

나는 말한다.
태초에 의미가 있었고,
의미는 신과 함께 있었으며,
신은 곧 의미라고.
Ἐν ἀρχῇ ἦν ἡ ἔννοια,
καὶ ἡ ἔννοια ἦν πρὸς τὸν θεόν,
καὶ θεὸς ἦν ἡ ἔννοια.

둘,
의미의 차원

이제는 상표를 붙이지 않은 제품이야말로
가장 믿을 만한 제품이라는 생각마저 든다.

— 나오미 클라인[•]

…

과연 그러한가?

[•] 나오미 클라인, 이은진 옮김,《슈퍼브랜드의 불편한 진실 No Logo》, 살림비즈, 2010, p.83.

명품 백 스캔들:
진짜보다 더 좋은 짝퉁 명품 백

10여 년 전, 사석에서 한 선배에게 들은 이야기다. 어떤 텔레비전 프로그램에서 한 명품 백의 브랜드 가치에 대해 의문을 제기한 르포를 내보냈다고 한다. 모든 명품이 그렇듯, 이 브랜드 역시 수많은 '짝퉁'이 있었는데, 과연 해당 브랜드 직원이 진품을 감별할 수 있는지 실험해 본 것이다. 자신만만하던 그 직원은 특A급 짝퉁 앞에서 무너졌다. 가짜 제품을 진짜로 지목한 것이다.

이 이야기를 들었을 때, 나는 그럴 수 있다고 생각했다. 인공위성을 만드는 일도 아니고, 가방 정도야 똑같이 모방하자면 못 하겠나 싶어서였다. 그런데 그 선배의 이야기는 해당 브랜드의 직원이 자기 제품을 알아보지 못한 비전문성을 탓하는 게 아니었다.

"진품은 인조 가죽 80%에 소가죽 20%만 썼는데, 모양도 로

고도 똑같은 그 짝퉁은 소가죽 80%에 인조 가죽 20%만 썼대. 그럼 뭐가 더 좋은 거지?"

'아니, 짝퉁이 진품보다 훨씬 좋잖아!' 처음 이 이야기를 들었을 때 들었던 생각이다. 일반적으로 소가죽이 인조 가죽보다 더 비싸고 좋으니까. 짝퉁이 진품보다 원가가 더 많이 든다는 건 비상식적이다. 그런데 짝퉁 제조업자는 그렇게 만들고 싸게 팔아도 이윤이 많이 남는다고 했단다. '그럼 명품 브랜드는 돈을 얼마를 남기는 거지?'[1]

모조품의 품질이 진짜보다 뛰어나며, 가격까지 저렴하다면 진품에 대한 소비자들의 원망이 이어질 게 분명하다. 비평하기

---

[1] 실제로 명품 브랜드들은 보통 원가 대비 적게는 7배, 많게는 11배까지도 마크업 Markup, 가격 인상 을 매긴다고 한다.

좋아하는 소비자들은 가격 인상의 근거를 따지고 브랜드에 대한 적개심을 내비칠 것이다. 그리고 적개심은 그 브랜드에 대한 배신감으로 이어지게 마련이다. 충성 고객일수록 그렇다.

하지만 실상은 이론대로 흘러가지 않는다. 이 브랜드의 충성 고객들은 짝퉁이 범람하고, 심지어 더 좋고 저렴한 가짜가 있다는 것을 알아도 브랜드 사랑을 저버리지 않는다. 브랜드를 구매할 때 우리는 제품을 손에 넣었다는 사실 외에도 다양한 생각과 느낌을 얻고, 그러한 요소들은 브랜드를 사랑하는 이유가 되기 때문이다. 설령 제품에 심각한 흠이 있어도 말이다.

아이폰 4G가 출시됐을 때다. '통화 중 끊어짐' 현상과 형편없는 배터리 용량으로 불만이 폭주했다. 심지어 미국에서는 애플을 상대로 집단 소송을 제기하자는 로펌들의 광고마저 등장했다. 하지만 같은 시기 실시된 스마트폰 선호도 및 구매 의향 조사에서 애플은 큰 격차로 1위를 차지했다. 애플에 대한 '제품을 넘어선 사랑'이 '품질은 곧 개선될 것'이라는 믿음을 가져왔기 때문이다. 브랜드는 제품이 아니다. 오히려 제품을 넘어서 있다. 그래서 브랜드를 제품에 국한시켜 사고하면 본질을 꿰뚫지 못한 전략과 실천만 떠올리게 된다.

다이슨은
브랜딩을 하지 않는다?

"우리 제품을 한번이라도 써 본다면 무조건 살 거예요. 제품이
좋으니까 마케팅이나 브랜딩에 돈을 쓸 필요는 없어요."

기업 임원들에게 수없이 들은 이야기다. 하지만 자기 제품을
사람들이 알아봐 주길 바란다면, 당연히 제대로 알려야 하지 않
을까? 제품이 좋으면 저절로 알려진다는 말은, 4kg대의 우량아
를 낳았으니 아이가 알아서 잘 클 것이고, 사람들 또한 이런 아
이를 잘 알아볼 것이라고 생각하는 것과 같다. 안타까운 건 이
런 믿음이 쉽사리 무너지지 않는다는 것이다.

CEO와 임원 들은 대체로 단기 실적에 신경을 쓰느라 장기
적인 브랜드 관리에는 별반 관심을 가지지 않는다. 브랜드가 중
요하다고 생각하는 기업인들 역시 오래 유지되어야 할 근본적
인 철학까지 건드리는 것을 부담스러워 한다. 기업의 오너가 아
닌 이상 대부분 계약직이고, 계약 연장과 커리어 발전을 위해서

는 단기 실적을 만들어야 하기 때문이다. 그들의 태도를 십분 이해할 수 있다.

그런데 기업의 오너 역시 크게 다르지 않다. 브랜드에 대한 무관심은 특히 기술집약적인 B2B 업계로 갈수록 심하다. 그들은 공통적으로 '제품이 좋으면 팔린다'는 믿음을 가지고 있고, 종종 "다이슨Dyson은 브랜딩을 하지 않는다"는 말로 자신의 믿음을 정당화했다.

실제로 제임스 다이슨 회장은 국내 어느 언론과의 인터뷰에서 "마케팅은 포장 또는 술책"이라며 "진공청소기는 먼지를 잘 빨아들이고 청소만 잘하면 됐지 어느 브랜드에서 만들었는지가 중요한 게 아니다"라고 말했다.[2] 발명가로서 당연히 할 수 있

---

2   '마케팅이 왜 필요한가? 브랜딩이 왜 필요한가? … 진공청소기는 먼지만 잘 빨아들이면 그뿐', 〈위클리비즈〉, 2015년 8월 22일자.

는 말이며, 기술에 대한 자부심이 느껴지는 발언이다. 다이슨은 허황된 포장을 하지 않았고 기술 자체로 인정받은 제품이라는 의미다.

그의 말대로 제품을 브랜드 로고만 보고 구매하는 시대는 물론 아니다. 하지만 그가 동의하든 하지 않든 그의 코멘트 역시 브랜딩 활동에 해당하며, 소비자들은 이 때문에 다이슨을 '기술 덩어리'가 아니라, '혁신 기술을 지닌 세련된 브랜드'로 인식한다. 그리고 마케팅을 혐오한다던 다이슨 회장의 말과는 달리, 다이슨은 이미 2012년 미국에서만 6,700만 달러한화 약 833억 원를 브랜드 마케팅 예산으로 집행했다. 글로벌 미디어 집행 예산은 이미 오래 전에 1억 달러약 1,244억 원를 초과했다.[3] 이런데도 다이슨은 브랜딩을 하지 않는다고 말할 수 있나?

---

3   'Dyson consolidates media duties with WPP's Mindshare', Adage, 2013.

브랜드를 제품으로만 인식하고, 심지어 제품만 잘 만들면 브랜드는 필요없다고 믿는 기업들이 적지 않다. 그들은 아직도 상표를 등록하지 않고 제품을 판매하다가 상표권을 침해당하기도 한다. 안타깝지만, 제품 스펙을 아무리 나열해도 고객 가치로 전환되지 않을 때가 많다. 제품을 팔지만, 제품을 넘어서야 한다. 제품을 넘어설 때 비로소 브랜드를 만나게 된다.

그녀가 '진로이즈백'을
고집하는 이유

당신은 왜 특정 소주를 고집하는가? 정말 맛과 향 때문인가? 아니면 가격 때문인가? 술집에서 소주 가격은 고급주를 제외하곤 거의 동일하니 가격 때문은 아닐 것이다. 그렇다면 맛 때문에? 미안한 이야기지만, 소수의 전문가들이 아니면 블라인드 테스트에서 맛을 정확히 구별하는 사람은 거의 없다. 맛 또한 '실제 가치'가 아니라 '인식 가치'일 가능성이 높다. '진짜 소주 맛'에 대한 기준선이 존재할지는 모르겠으나 우리는 맛에 관해서 '존재는 인식'이라고 주장했던 버클리의 후예임을 인정해야 할 것이다. 그렇다면 동일한 알코올 도수에서 특정 브랜드를 선택하는 이유는 뭘까?

누군가는 단골 가게 사장님이 주는 대로 마시고, 누군가는 광고에서 봤던 연예인의 이미지가 좋아서 마신다. 진지한 사람이라면 주류 회사의 이미지와 조직 관리, 기업의 CSRCorporate Social Responsibility 활동 여부를 보면서 소주 브랜드를 선택할지도 모른다. 아마 별로 많진 않겠지만. 또 누군가는 아련한 첫사랑과 마셨던 브랜드였기 때문에, 혹은 우연히 로또에 당첨된 날 즐겁게 마셨던 브랜드였고, 그 긍정의 경험 때문에 브랜드를 선택할지도 모를 일이다. 소주 하나만 봐도 구매를 결정할 수 있는 여러 이유를 생각해 볼 수 있다.

우리는 스스로가 '합리적 소비자'라는 신화에 사로잡혀 있다. 인터넷과 스마트폰 앱 등으로 상품에 대한 정보 비대칭이 상당히 해소되고 있어, 과거에 비해 합리적 의사 결정을 할 수 있는 데이터 여건이 마련됐다. 또한 클라우드 기반의 데이터 혁명을 생각해 보면, 우리는 과거의 호모 사피엔스를 이미 넘어섰다. 이러한 진단은 어느 정도 옳다.

하지만 제품에 대한 데이터가 수없이 존재하고, 그 데이터를 공유하며 소비할 수 있다는 사실만으로 소비자를 합리적 존재로 단언하기에는 무리가 있다. '어떠한 데이터를 선택할 것인가?'라는 가치 판단의 문제가 남아 있기 때문이다. 현재가 과거와 다른 건, 데이터를 누구나 생산하고 유포할 수 있다는 점이다.

더욱 중요한 건 데이터 해석과 설득의 문제다. 데이터는 객관적으로 보이는 정보이지만, 그것을 종합하여 특정 의미를 만드는 건 '관점'이고, 일종의 해석학적 영역에 속한다. 데이터를 해석하는 건 객관적 행위가 아니다. 우리는 특정 관점과 관심에 이끌려 데이터를 바라보고, 더이상 데이터와 거리를 둘 수 없는 상황에 놓인다. 그리고 데이터와 대화하기 시작한다. 이를 객관적이고 합리적인 행위로 볼 수 있을까?

과거 데이터 생산과 해석의 주체가 주로 기업이었다면, 지금은 소비자로 이동하고 있다. 소비자들은 기업의 말보다 다른 소비자들의 데이터와 해석을 더욱 믿기 시작했다. 소비자들의 온라인 리뷰를 보며, 많은 사람들이 좋다고 말한, 그래서 가장 실패를 덜할 것 같은 상품을 구매한다. 일종의 '다수결'에 따른 구매인 셈이다. 하지만 이 역시 제품에 대한 객관적 정보 때문에 구매를 한 것은 아니다. '써 보니 좋다'는 식의 리뷰는 제품 자체에 대한 정확한 속성이나 객관적 혜택을 이야기하기보다, 객관적으로 보이는 각자의 주관적 체험담을 말한다. 설령 리뷰가 제품에 대한 100% 객관적 데이터만을 담고 있어도, 그러한 데이터와 대화를 시도하는 나는 이미 제품을 넘어선 복합적 맥락에 놓이게 된다.

해석은 객관적 읽기가 아니다. 해석은 관점과 맥락에 좌우되며 상상의 영역까지도 포함한다. 소주 한 병을 살 때조차, 가성비나 제조 방식, 첨가 원료 등 객관적 데이터만으로 구매하지는 않는다. 제품을 넘어선 상상력이 필요한 이유다.

B2B 영역에서의 따가운 시선이 느껴진다. 이곳은 상대적으로 이성적인 논리가 많이 작동되는 곳이다. 보다 객관적인 세

계이며, 물리와 화학의 법칙만이 존재하는 것처럼 보인다. 하지만 그렇다 해도 어떠한 관점으로 '객관'의 데이터를 받아들이고 선별, 편집할 것인가 하는 문제가 여전히 남아 있다. '객관'이라는 건 어떠한 맥락에서도 작동된다는 것이고, 맥락을 넘어선 초월적 성격이 있다. 하지만 데이터는 언제나 특정 맥락 속에서 생산된다. 이 점을 고려할 때, 맥락을 넘어서는 '객관적 데이터'는 생각보다 많지 않다. 논리적으로는 불가능에 가깝다.

여담 하나. 온라인 리뷰 역시 이미 기업의 보이지 않는 손으로 오염되고 있다. 기업 편에 있는 소비자들을 모집하여 알게 모르게 리뷰를 생산하고 있다. 제품이 진짜 좋아서 리뷰를 긍정적으로 쓸 수 있겠지만, 기본적으로 이런 의뢰된 리뷰는 제품 자체의 유용성만 드러내는 게 아니라, 기업의 이해관계가 반영된다. 이러한 사실은 소비자들도 알아가고 있다. 그래서 과거

기업발 데이터에 대한 의심의 눈초리는 점점 소비자 자신에게로 향하게 될 것이다.

브랜드는
제품을 넘어서 있다

세상을 시끄럽게 했던 남양유업의 갑질 사태. 슬픈 현실이지만, 이런 일이 터질 때마다 소비자들은 그리 놀라지 않는다. 그저 '구매 거부'를 선언할 뿐이다.

남양유업은 매일유업과 경쟁하며 2013년까지 우위를 차지하고 있었다. 하지만 2013년 남양유업의 대리점 밀어내기 '갑질'이 폭로되어 소비자들이 불매 운동을 벌이면서 매출은 하락세를 면치 못하고 있다. 기업의 브랜드 이미지가 악화되자, 남양유업은 기업 브랜드를 숨기고 새로운 브랜드로 하위 시장을 대응하는 '그림자 보증 브랜드 전략'을 구사했다.[4]

하지만 과거와 달리 인터넷을 통해 정보 공유가 삽시간에 이

---

4   그림자 보증 Shadow Endorsement 전략이란 기업 브랜드가 하위 브랜드 뒤에 숨어서 지원하는 전략이다. '토요타'가 경제적이고 저렴한 이미지를 탈피하고자 차량에서 토요타 엠블럼을 지우고 '렉서스'라는 별도 브랜드로 상징을 기획한 것도 그림자 보증 전략에 해당한다.

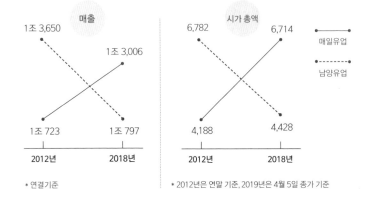

역전된 라이벌, 남양유업과 매일유업 (단위: 억 원)

뤄지는 시대다. 이런 전략으로 탄생한 '백미당', '프렌치카페' 등은 소비자들의 '숨은 남양 찾기' 활동으로 남양유업과의 이미지 단절에 실패한 듯 보인다.[5] 소비자들의 대대적 보이콧으로 결국 남양유업은 2019년 어닝쇼크 수준의 성적표를 받았고, 마침내 남양유업과 매일유업의 운명이 뒤바뀌었다.[6]

5　'남양유업 불매운동 5년째⋯소비자들 '숨은 남양 찾기'까지', 〈조선비즈〉, 2018년 8월 2일자.

6　'50년 라이벌 매일·남양유업의 뒤바뀐 운명', 〈한국경제〉, 2019년 4월 7일자.

'곰팡이 호박즙'으로 비난을 받았던 부건FNC의 '임블리IMVELY'는 임블리라는 닉네임의 인플루언서를 통해 브랜드의 개성과 이미지를 잘 관리한 축에 속했다. 하지만 도매 시장에서 조직에 대한 좋지 않은 평판이 떠돌고, 기본도 갖추지 못한 제품을 무리한 포장으로 판매해 브랜드로서의 자격을 박탈당했다.

 제품력이 아무리 뛰어나도 이미지 기획의 실패로 실적을 망친 경우도 있다. 미쓰비시의 자동차 파제로Mitsubishi Pajero는 랠리에 수없이 출전해 우승한 자동차로 우수한 제품력으로 유명했다. 현대자동차는 파제로의 상품성에 매력을 느끼고, 1990년 기술을 도입했다. 그 결과 갤로퍼가 탄생했다. '파제로'는 야생의 이미지를 지닌 이름이다. 팜파스 고양이의 학명 Leopardus pajeros에서 따왔다. 그런데 북미 시장에 진출할 때는 스페인계 소비자들에게 비난을 받았다. 스페인어로 '파제로'는 '자위행위'를 뜻했기 때문이다. 이 단어는 브랜드의 개성을 망친 것은 물론이고, 매력적인 상징체계의 도입을 방해했다. 결국 브랜드 론칭에 투자된 모든 비용을 감수하며 브랜드 네임을 바꿔야 했다. 이 차는 스페인, 인도, 북미에서는 '몬테로 Montero, 사냥꾼'로, 영국에서는 '쇼군 Shogun, 장군'이란 이름으로 판매됐다.

앞에서 살핀 브랜드들은 저마다 뚜렷한 실패의 이유가 있다. 조직 차원의 부정적 이미지(남양유업), 제품과 조직의 문제(임블리/부건FNC), 개성과 상징 차원의 문제(미쓰비시의 파제로)를 드러낸 것이다. '제품', '조직', '개성', '상징', 이 네 가지 요소는 브랜드를 이해하는 데 가장 기본적이고 중요한 차원을 제시한다. 탄탄한 브랜드를 만들기 위해서는 이 네 가지 차원 모두를 이해해야 한다. 이중 어느 하나라도 문제가 생기면 단기적 보이콧은 물론, 심각할 경우 브랜드의 존립마저 위협받을 수 있다.

　기업의 규모가 커지면 커질수록 예기치 못한 불상사를 막기 위해서라도 위의 네 가지 차원을 바탕으로 포괄적 브랜드 경영을 해야 한다. 시장을 새로 개척하는 혁신 스타트업들은 대부분 '제품 중심적 사고'에 빠져 그 외의 차원인 디자인이나, 사용자 이미지 관리, 조직 이미지 관리에 소홀한 경우가 많다. 물론 제품 하나에 집중하기도 벅찬 게 현실이다. 제품을 키우고 나서 나중에 조직을 정비하면 된다고 생각할 수도 있다.

　하지만 이미 수많은 외부 경력자들이 섞여 복잡해진 조직의 개성과 철학, 운영 방식을 정비하는 건 결코 만만치 않은 작업이다. 만일 비슷한 기술력을 지닌 것처럼 '보이는' 경쟁자가 제품을 넘어, 조직, 개성, 상징 차원의 이미지를 더욱 매력 있게 관리한다면 카테고리 리더 이미지를 빼앗길 수도 있다. 소비자들은 제품 자체만으로 브랜드를 평가하지 않기 때문이다. 제품의 실체가 제대로 정립됐다면, 이제는 조직, 브랜드 개성, 브랜드의 상징 요소도 함께 관리하는 포괄적 관점이 필요하다.

다이슨처럼 제품의 속성만으로 브랜딩을 지속하려면, 고객의 눈높이에서 명확히 인식할 수 있도록 제품의 기능을 시각적으로 드러낼 수 있는 독자적 이미지를 만들어야 한다. 제품 수준에서 자신을 모방하는 유사 브랜드가 난립하기 시작한다면, 제품을 넘어선 사용자 이미지나 브랜드의 인격을 드러내는 커뮤니케이션을 고려할 수도 있다. 보다 직관적인 이미지 혁신을 주기 위해 시각 경험 디자인을 고도화하기도 한다. 그리고 타사가 쉽게 모방하지 못하는 우리만의 고유한 사내 문화를 조성하여 조직을 브랜딩할 수도 있다.

이 모든 관점은 회사 매출과 무관하게 인재 영입을 유리하게 할 것이며, 브랜드 확장이나 투자 유치를 위한 인식의 경쟁력을 확보하는 데 도움이 될 것이다.

브랜드, 네 가지 관점으로 분석하기

많은 사람들이 '브랜드'를 '브랜드 네임'이나 '브랜드 로고 디자인' 정도로만 생각한다. 브랜드와 제품에 부착하는 상표를 구별하지 못한 탓이다. 브랜드에 대한 정확한 인식은 '브랜드는 제품 이상의 것 Brand is more than a product[7]'이라는 관점에서부터 시작된다.

브랜드를 제품 이상의 존재로 바라보고 제품 외적인 혜택과 조직, 사용자 이미지 등을 고려하면, 브랜드를 다음 네 가지 관점으로 분석할 수 있다.

1) 브랜드의 제품 차원 Brand as a Product

브랜드를 제품 이상의 것으로 인식해야 하지만, 그렇다고 제품과 관련된 의미나 연상 이미지를 무시할 수는 없다. 제품의 차원은 브랜드를 선택하고 사용 경험을 창출하는 데, 직접적인 관련이 있기 때문이다. 브랜드를 제품 차원으로 분석할 땐 '제품의 적용 범위', '제품과 관련된 속성', '품질/가격', '사용 상황 Time, Place, Occasion', '사용자 이미지' 등을 함께 분석할 수 있다. 많은 브랜드들이 제품 차원에서 포지셔닝을 기획한다. 풀무원의 '바른먹거리'가 그러했고, 볼보의

---

7   브랜드를 바라보는 관점에 대한 데이비드 아커의 유명한 선언 문구. David A. Aaker,《Building Strong Brands》, The Free Press, 1996, p.74.

브랜드는 제품 이상의 것이다. ⓒAaker

컨투어 보틀은 1915년 얼 딘 Earl R. Dean의 디자인이다. 코카콜라의 병을 디자인하면 서, 코카 잎 Coca Leaf이나 콜라넛 Kola Nut의 모양을 찾을 수 없었던 그는 코코아 꼬투리 Cocoa Pod의 모양을 착안 해 왼쪽과 같은 모양의 병을 디자인했다.

© www.design-is-fine.org

'안전Safety' 철학이 이에 해당한다. 코카콜라의 '컨투어 보틀Contour Bottle' 디자인은 코카콜라만의 제품 속성이 됐다.

2) 브랜드의 개성 차원 Brand as a Person

브랜드를 인격화하는 관점이다. 이를 통해 소비자는 브랜드를 자기 개성 표현의 수단으로 삼는다. 또한 창업가나 기업의 브랜드 매니저는 브랜드 개성의 방향을 설정하여, 고객에게 다가가는 태도나 말투 등을 정할 수 있다. 브랜드의 개성 표현은 기업 내 대표적인 인물이나 캐릭터가 맡을 수도 있다. 버진Virgin 그룹의 리차드 브랜슨 Richard Branson은 독특하고 유머가 넘치는 CEO로서 버진이라는 브랜드의 개성을 전달한다.

3) 브랜드의 조직 차원 Brand as an Organisation

상품이나 서비스의 속성보다 조직의 속성에 초점을 맞추는 관점이다. 조직의 고유한 문화나 가치, 독특한 프로그램 등 조직을 브랜딩할 수 있다. 조직의 브랜딩은 일단 구축이 되면 제품 차원의 브랜딩보다 더욱 지속적이고 경쟁력이 있다. 제품 모방은 쉽지만, 조직 모방은 어렵기 때문이다. 사무실에 침대와 탁구대, 직원 뷔페, 서서 일하는 책상을 도입한다고 해서 구글의 사내 문화를 체화하기 어려운 것과 같다.

4) 브랜드의 상징 차원 Brand as a Symbol

네임, 슬로건, 디자인, 징글Jingle 등 브랜드의 가치를 눈에 보이게 드러낸 감각적 요소를 의미한다. 다른 관점에 비해 브랜드를 상징 차원에서 관리하는 일은 쉽다. 가시적으로 확인할 수 있기 때문이다. 그런 이유로 많은 기업들이 '브랜딩을 한다'고 하면 대부분 상징 차원에서 네임을 만들거나, 슬로건을 정립하고, 디자인 정도를 매만지는 작업으로만 이해한다.

제품, 개성, 조직 차원의 이미지 관리가 잘되어 있다고 해서 브랜드의 상징 관리를 소홀히 해서는 안 된다. 소비자들은 눈에 보기 좋은 것을 더욱 좋게 평가

사무실을 구글처럼 꾸며도 구글의 조직 문화가 만들어지는 것은 아니다. ⓒ로이터

하는 경향이 있기 때문이다. 강력한 상징은 브랜드의 의미와 연상 이미지를 강하게 결집시키고, 소비자의 호감도를 높일 수 있다.

예를 들어, 펭귄북스는 글로벌 출판 시장에서 거의 유일하게 출판사 고유의 표지 아이덴티티를 가진 브랜드다. 보통 책의 표지 디자인은 제목과 저자 성향에 따라 바뀌고, 출판사 브랜드는 구매 선택에 별다른 영향을 주지 않는다. '펭귄이 그려진 책은 무엇이든 읽을 만하다'는 말이 있을 정도로, 펭귄북스는 상징 차원에서 자기다움을 잘 관리한 브랜드다.

—Practice:

애플Apple 아이덴티티 분석

브랜드 자산이 큰 브랜드는 네 가지 차원의 자산을 모두 갖추고 있을 때가 많다. 애플을 예로 들어 보자.

1) **제품 관점:** 애플하면 아이팟, 아이폰, 아이맥, 에어팟 등의 제품이 떠오른다. 그 외 주변 장치 역시 제품 포트폴리오로 보유하고 있다. 제품 차원에서는 이음새 없는 매끈한 디자인과 초기부터 선보인 '스노우 화이트snow white'의 디자인 철학이 이어져 오고 있다. 미니멀한 감성으로 '적게 많이 Do more with less' 구현하려는 철학이 돋보인다.

2) **개성 관점:** 애플의 브랜드 개성을 상징했던 건 독단적이고 고집불통의 이미지였던 스티브 잡스였다. 탁월한 마케터 기질과 시장의 마음을 꿰뚫어 보는 통찰을 지닌 사람으로, 혁신을 상징하는 인물이었다. 애플은 '혁신가적 개성'을 지닌 브랜드다.

3) **조직 관점:** 구글이 외부에 자유로운 이미지로 각인됐다면, 애플은 폐쇄적이고 신비로운 이미지를 갖고 있다. 누군가에게 이는 매력이다. 구글은 직원 모두를 '스마트 크리에이티브Smart Creative'로 정의하여 자유롭고 책임감 있는 조직으로 운영했지만, 애플은 잡스라는 혁신적 리더의 강력한 통치로 운영됐다.

4) **상징 관점:** 애플을 상징하는 두 가지 상징 요소는 '한 입 베어 먹은 사과' 심벌, '다르게 생각하라Think Different'라는 슬로건이다. '한 입 베어 먹은 사과'는 창세기에서 선악과를 한 입 베어 먹고 지성을 얻은 인류의 모습을 암시한다. 'Think Different'는 기존 관습에 도전하는 혁신적 발상과 도전 정신을 불러일으킨다. 이러한 이미지는 공동체가 브랜드를 존경하거나 사랑하는 이유로 작용한다.

그들은 당신의 무덤을 만들었습니다.
오 거룩하고 높으신 이여─
크레타인은, 언제나 거짓말쟁이이며,
악한 짐승이고, 게으른 식충이입니다!
그러나 당신은 죽지 않았습니다.
당신은 살아있고 영원히 거합니다.
당신 안에서 우리가 살고 움직이며
존재함을 얻기 때문입니다.

— 에피메니데스 *

---

* 에피메니데스가 쓴 '크레티카'라는 시의 구절이다. 에피메니데스는 기원전 7~6세기 그리스 철학자이자 예언가였다. Michael Glanzberg,《The Oxford Handbook of Truth》, Kindle Edition, Oxford University Press, 2018, p.675 발췌 번역.

크레타 사람인 에피메니데스는
'모든 크레타인은 거짓말쟁이'라고 말한다.
하지만 에피메니데스는 크레타인이다.
그러므로 그 스스로가 거짓말쟁이다.
만일 그가 거짓말쟁이라면, 그가 한 말은 거짓이 되고,
그 결과 크레타인은 정직하게 된다.
하지만 에피메니데스가 크레타인이어서
크레타인이 거짓말쟁이라고 한 말이 참이 된다면,
에피메니데스는 거짓말쟁이가 되고
그가 한 말은 거짓이 된다.
우리는 에피메니데스와 크레타인이 진실하며,
진실하지 않다는 것을 번갈아 증명하게 될 것이다.

— 토마스 파울러[*]

---

[*]   Thomas Fowler, 《The Elements of Deductive Logic》 (3rd ed.), Oxford: Clarendon Press. 1869, p.163 발췌 번역.

에피메니데스 패러독스 Epimenides Paradox.

브랜드가 아니라는 브랜드.

어떻게 이해해야 할까?

노브랜드
패러독스 No Brand Paradox

"브랜드가 아니라 가성비다."

수년 전부터 귀에 인이 박히도록 들은 이야기다. 브랜드가 몰락하고 가성비가 약진했다는 식의 분석이 나오자, 당장 가성비가 나오지 않는 사업은 철수해야 한다고 판단하는 기업인들도 많았다. 나는 몇 가지 의문이 생겼다.

'가성비가 브랜드를 대체하는 개념인가? 차원이 다른 개념인데도?'

'가성비는 모든 카테고리에서 통용될 최고의 미덕인가?'

'고관여 제품[8]을 제외하고 일상 소비재나 F&B에 국한되어 가성비를 따진다고 해 보자. 그런데도 왜 비싸고 양이 적은 밥집에 가

8 　소비자가 제품을 구입하는 과정에서 시간과 노력을 많이 투여하는 제품.

서 멋진 사진을 인스타그램에 올리는 사람들이 줄어들지 않나?'

'가성비가 모든 소비 가치를 뒤덮을 만큼, 지금의 소비자는 합

리성만으로 행동하는가?'

'그리고 가성비가 답이라면, 모든 기업이 가성비를 높일 방법

이 있기는 한 걸까? 이는 대기업, 특히 유통 대기업에게만 유리

한 논리가 아닐까?'

의문은 꼬리에 꼬리를 물고 이어졌다.

나는 가성비 현상을 부정하지 않는다. 하지만 그것이 모든

영역에 적용될 수 있는 만능열쇠는 아니라고 생각한다. 그 무

렵 '브랜드가 아니라 소비자'라고 외치는 브랜드가 등장했다.

이제는 탄탄하게 자리를 잡은 '노브랜드No Brand'다. 이 브랜드

의 등장으로 인해 브랜드는 몰락하고, '브랜드 무용론'이 정점

을 찍는 듯했다.[9]

이 브랜드는 2016년 기준 1,000억 원 매출 달성이라는 놀라운 성과를 냈으며, 2020년 현재 가성비를 앞세워 '노브랜드 버거'로 브랜드 확장Brand Extension을 단행할 정도로 성장했다. 많은 언론은 포장과 거품을 뺀 실속 있는 제품으로 치켜세웠고, 경기 불황 와중에 저렴하고 품질 좋은 제품으로 포지셔닝한 게 성공 요인이었다고 분석했다.

한편으로는 이마트라는 유통 대기업의 지배적 위치, 이로 인한 제조업체의 피해 등이 지적되기도 했다. 이익 배분 구조가 불공평해서 물건을 납품하는 중소 제조업체는 정작 영업 이익

---

9 '노브랜드'는 철학과 스타일은 다르지만, 일본 '무인양품無印良品'의 또 다른 번역어였다. 무인양품 역시 '브랜드 없는 품질 좋은 제품'이라는 의미다. 이 두 브랜드 모두 '브랜드를 부정하는 브랜드'라는 공통점이 있다. 최근 손정의 회장의 투자 실패 케이스로 회자되는 '브랜드리스Brandless' 역시 같은 컨셉의 브랜드다.

이 향상되지 않거나 감소했다는 국책 연구 기관 보고서가 등장했다.[10] 유통사가 매대 결정권을 쥐고 제조사를 쥐락펴락하기에 갑의 요구를 거절할 수 없는 중소 제조사들. 이들의 입장을 대변하는 언론은 많지 않았다.[11]

노브랜드는 여러 관점에서 검토해야 할 복잡한 '현상'이다. 하지만 대부분은 '가성비 Performance per Price' 논리만으로 이 현상을 바라봤다. 수중에 돈이 없거나, 경제적으로 어렵다는 인식이 지배적인 시기에는 '비용 합리성'을 이길 만한 담론은 그리 많지 않기 때문일까? 노브랜드는 '브랜드=과포장/거품'이라는 소비 인식을 잘 캐치한 영리한 브랜드였고, 대형 유통사가 아니라면 시도하기 어려운 PB Private Brand였다.

10   이진국, 'PB상품 전성 시대, 성장의 과실은 누구에게로 갔나?', 《KDI 포커스》, 2017.
11   ''노브랜드' 덫에 빠진 식품업계…대형마트 하청공장 전락', 〈이데일리〉, 2017년 6월 9일자.

다시 말하지만, 이 브랜드는 표면적으로 '브랜드'를 부정한다. "브랜드가 아니라 소비자"라고 말하며, 제품에 충실하여 가성비를 극대화했다고 주장한다. 브랜드는 제품의 본질인 기능에 충실하기보다 포장 가치가 큰 '거품 덩어리'라는 전제가 저변에 깔려 있다.

2019년 짧지만 재미있는 연구 결과가 나왔다.[12] 결론부터 말하면, 소비자들은 '가성비' 때문에 성공했다던 노브랜드를 '가성비 이상의 것'으로 인식하고 있었고, 일반 브랜드를 대하듯했다. 소비자들은 노브랜드를 '브랜드'로 인지하고 있었다.

20~40대 여성을 대상으로 실시된 이 조사에 따르면, 노브랜드 이용자들은 노브랜드에 대해 '가성비 이상의 긍정적 이미지'

---

12   이훈지, 조경은, 최혜경, '노브랜드 브랜드 확장성에 관한 연구: 소비자 관점에서의 탐색', 〈AJMAHS〉, Vol.9, No.7, July, 2019.

를 갖고 있었다. 포장과 이미지로 현혹하지 않고 제품의 본질에 다가갔다는 기업발 언론 기사의 내용과는 사뭇 달랐다. 노브랜드는 그저 값싼 제품이 아니라 '유행 선도', '트렌디한 이미지'를 지니고 있으며, "남들보다 좀 더 나은 선택을 한다는 것에 의미를 두는 소비자들의 자존심, 긍정적 프라이드"를 부여하는 브랜드였다. 가성비의 영향이 없진 않지만, 이용자들은 "스스로 합리적이고 의미 있는 구매와 선택을 했다고 생각하며, 이로 인해 타인에게 인정받는다는 생각"을 하면서 구매하고 있었다. 브랜드 소비를 통해 내가 어떤 사람이라고 드러내는 '자아 표현적 편익 Self-expressive Benefit'을 노브랜드가 제공해 온 셈이다. 결국 노브랜드 역시 제품을 넘어서 있던 것이다.

가성비만으로 매출을 일으킨다는 식의 환원주의적 해석은 불완전한 관점이다. 우리는 이 연구를 통해 다음과 같은 사실을 알 수 있다.

'노브랜드'는 브랜드를 정면으로 공격하며 가성비를 내세워 성장했지만, 소비자의 자아 표현적 편익 ("당신이 스마트 컨슈머가 되는 길")을 제공하며 브랜드로서의 체격을 갖춰 왔다.

1) 저성장 시대에도 소비자들은 가성비만을 기준으로 소비하지 않는다. 제품이 주는 감성이나 자아 표현적 이미지도 구매를 견인할 수 있다.

2) 노브랜드는 단지 '가성비 높은 제품의 연합체'가 아니다. 노브랜드 역시 제품, 개성, 상징이라는 브랜드의 속성을 지니고 있다.

3) 가성비와 브랜드는 상호 모순적인 개념이 아니다.

이 정도의 소박한 검토만으로도 '브랜드가 아니라 가성비'라는 명제는 포괄성과 타당성을 상실한다. 가성비라는 담론만으로 브랜드 무용론을 주장하기엔 무리가 있는 것이다.

강남에 거주하는 한 지인은 집에서 아이들에게 노브랜드 감자칩을 먹이다가 학부형들이 놀러 오면 노브랜드 제품을 숨긴다고 했다. 가성비 때문에 구매했을지도 모르는 이 여성은 오히려 '저렴한', '아이에게까지 돈을 아끼는 자린고비'와 같은 이미지로 보일까 두려웠다고 한다. 그녀의 행동은 노브랜드가 가진 '상징력'과 그 구매를 통해 드러나는 '자아 표현'의 힘을 알아야만 나올 수 있는 행동이었다.

가성비의
함정

사업을 할 때 가장 큰 문제는 내 제품이나 서비스가 경쟁사와 본질적으로 다르지 않다는 점이다. 본질적 차별화를 기획하기보다 포장만 달리해서 판매하는 게 현실이다.

소비자들은 이런 종류의 포장주의에 염증을 느끼고 있다. 게다가 체감 경기마저 좋지 않고, 저성장 침체 국면은 지속된다고 한다. 그래서 등장한 논리.

'브랜드가 아니라 가성비다.'

회의를 하다 보면, '그래서 가격을 낮춰야 한다'는 결론이 종종 나온다. 사실 소비자 입장에선 '낮은 가격'이야말로 항시적 니즈 아니던가! "최고의 마케팅 전략은 가격 인하다"라는 말이 있는 걸 보면, 가격은 매우 중요하고 민감한 요소임에 틀림없다.

하지만 조금 더 생각해 보면, 가성비를 높이는 것과 가격을 낮추는 것은 다른 개념임을 알게 된다. 가령 1만 원짜리 제품이 1만 5,000원의 성능을 발휘한다고 쳐보자. 이때 가성비는 1.5가 된다. 그리고 또 다른 제품은 2만 원이고 2만 2,000원의 성능을 발휘한다면 가성비는 1.1이 된다. 가성비가 높은 제품을 구매하는 게 맞다면 모든 사람들이 1만 원짜리 제품을 사야 한다. 하지만 현실은 어떠한가? 제품 성능에 대한 소비자 기준점이 2만 원 정도에 형성돼 있다면, 아무리 가성비가 뛰어나도 성능이 그에 미치지 못하는 제품을 구매하진 않는다. 많은 사람들이 2만 원짜리 제품을 구매할 것이다.

가성비는 '가격 인하'가 아니다. 방점은 '성능 강화'에 맞춰져야 하는지도 모른다. 많은 이들이 가성비를 설명하며, '적당한 품질, 싼 가격'을 떠올리지만, 사실 '대륙의 실수 샤오미'가 뜬 이유는 '높은 품질, 싼 가격' 때문이었다.

가성비라는 말은 거의 모든 카테고리와 소비 생활에서 이
러저러한 질문에 대한 만능열쇠로 활용되고 있다. 2020년 현
재까지도 시장의 소비 행태를 설명하는 주요 개념이다. 가성
비는 '성능'이라는 말을 적용하기 어려운 영역에도 사용된다.
'맛', '서비스', '콘텐츠' 등에도 활용되고 있다. 망원동 소재의
한 식당은 '맛양값'이라는 '맛 좋고 양 많고 값싸다'는 의미의
간판을 걸었는데, 음식에서 가성비의 핵심을 잘 보여 주는 사
례다. 이 식당은 칼국수를 시키면 커다란 스테이크 덩어리를
서비스로 준다. 그 외에도 '한 마리 가격으로 두 마리를 먹을
수 있는 치킨', '가격은 싸고 품질은 떨어지지만 적당히 있어
보이는 옷 SPA', '기능은 별로 없어도 안정적으로 오래 쓸 수 있
는 전자 제품' 등을 의미하기도 했다. 어찌 보면 책이야말로 정
말 가성비가 높은 아이템이다. 저자가 고민해 온 수개월, 혹은
수년간의 생각을 단 몇 시간 만에 습득할 수 있으니 말이다. 이

경우 가성비는 '시간' 대비 '효율성'을 의미한다.

가성비를 시작으로 전개된 말장난들

현상에 대한 간편한 인식은 언제나 단어를 쉽게 확장, 변화시킨다. 가성비라는 단어 역시 확장됐다. 트렌드 전문가들의 입을 통해 1년에 한 번씩 유사한 프레임 내에서 키워드 변화가 시작됐다. '가심비(가성비는 물론이고 심미적 만족이라는 개념 포함)', '나심비(내가 만족한다면 소비를 망설이지 않는 심리를 설명)', '가시비(나의 시간을 아낄 수 있는 정도)' 등의 단어들이 등장했다. 일명 '가성비 시리즈'가 시작된 것이다.

가성비 〉 가심비 〉 나심비 〉 가시비 〉 … 그다음은 뭘까?

이러한 트렌드 시리즈에서 우리가 봐야 할 것은 '가격', '성능', '심미적 만족도', '나의 취향과 가치관', '시간' 등 표면적 요소가 아니라, '가치Value는 비용 대비 혜택Cost-Benefit'이라는 공식이다. 일명 '가성비 시리즈'는 이 공식에 기반을 두고 지속적으로 확장되고 있다.[13]

$$가치(Value) = \frac{혜택(Benefit)}{가격(Cost)}$$

혜택의 차원은 소비자들의 성향과 지향 가치에 따라 달라진다. 이를 '가격'만으로 한정하거나, '심미적 만족'만으로 국한할

---

13 마케팅에서는 제한적 맥락에서 '가격 대비 혜택'을 '가치Value'로 해석한다. '가치=혜택/비용'이라는 공식이 성립되는데, 결국 고객 가치를 높이려면 고객에게 필요한 혜택을 늘리거나 고객이 지불하는 비용을 줄여야 한다는 식이다.

수는 없다. 지향 가치는 복합적이다. 한 소비자라도 그의 소비 성향이 모든 제품에 동일하게 적용되지 않는다. 치약을 살 때는 '가격 대비 용량'을 따지다가도, 돈을 모아 가방을 살 땐 '네임 밸류'를 고려하고, 데이트를 할 때는 '비싸지만 디자인이 예쁜 곳'을 방문한다.

2020년 1월 이베이코리아는 1,915명을 대상으로 설문 조사를 실시해 '플렉스하는 자린고비'라는 타이틀을 발표했다.[14] 식품/생필품은 가성비를 따지지만, 패션 명품/가전은 비싸더라도 구매하고 이를 과시한다는 말이다. 이처럼 소비자의 구매는 제품의 카테고리에 따라 다른 행태로 나타난다. 초점을 맞추고 분석만 하지 않았을 뿐 이런 현상은 이전부터 존재했다. 라이프

---

14 플렉스Flex: 뽐내고 자랑한다는 의미. 돈과 명품을 자랑하는 것을 표현한 힙합 씬에서 퍼진 슬랭.

스타일을 보다 과시적으로 드러낼 수 있는 카테고리(차, 명품 등)와 그렇지 않은 카테고리(화장지, 치약, 노트 등)는 구매 이유가 다르게 나타난다. 물론 저관여 제품으로 취급돼 온 일상용품조차 '취향'의 코드로 구매하는 고객들이 늘고 있기는 하다. 하지만 일련의 '가성비 시리즈'는 사실 속옷, 양말, 겉옷 등을 분리하여 넣어둔 3단 서랍장처럼 동시대적이다. 각각의 서랍장은 한 사람의 마음속에 존재하는 다양한 가치를 상징한다. 특정 시기엔 가성비만 따지고, 그다음엔 심미적 만족감을 중시하는 등 순차적으로 검토할 개념이 아니라는 의미다.

가성비로 경쟁력을 높일 수 있는 기업은 '규모의 경제'를 달성할 수 있는 큰 기업들이다. 규모의 경제는 그들 위주의 담론이고, 이를 필요로 하는 가성비 패러다임 역시 소기업이나 1인 기업에는 해당하지 않는다. 그리고 그런 제조업체 위에 대형 유통사들이 있다. 유통사들이 자체 브랜드를 만들어 유통 논리를 앞세워 가격을 인하하기 시작하면, 자체 판매 채널을 확보하지 못한 하청 기업들은 저항하기 어렵고, 가격을 낮춰 제품을 생산한다. 가격 경쟁이 시작되고, 결국 제품의 품질이 점점 떨어진다.

초기 가성비 담론은 소비자 지향 가치를 '제품' 수준으로 축소시켰다. 하지만 제품의 혁신을 매일 단행하기는 어렵고, 결국 유사한 제품을 만들어 판매하는 게 현재 제조업의 현실이다. 화장품, 문구처럼 일반 소비자들도 마음만 먹으면 쉽게 제조에 참여할 수 있어, 제품 자체만으로 경쟁하는 건 점점 더 어려워졌다.

제품을 넘어선 사고가 필요하다. 이는 가격 출혈 경쟁을 멈출 수 있는 근본적인 방안이다. 소비자들은 디자인, 예쁜 사진 한 컷, 스토리, 공익 마케팅, 명확한 자아 효능감 등 명분이 명확하면 가격이 비싸거나, 심지어 기능이 다소 떨어져도 구매한다.

여전히 "브랜드가 아니라 가성비"라고 주장하는 사람이 적지 않다. 이런 말을 들으면 나는 프랑스 철학자 르네 데카르트René Descartes와 피에르 가상디Pierre Gassendi의 논쟁을 떠올린다.

데카르트의 유명한 명제. '나는 생각한다, 고로 나는 존재한다Cogito ergo sum.' 이 명제는 인간이면 누구나 생각하는 능력을 가지고 태어났으며, '생각하는 나'만은 의심할 수 없는 절대적 주체라는 의미를 담고 있다. 물질적인 모든 현상은 악령에 의한 기만일 수 있어 '사유력'만을 존재의 본질적 근거로 상정한 것이다. 그래서 그는 인간을 '사유하는 사물Res Cogitans'로 간주했다.

데카르트의 기계론을 비판했던 가상디는 '나는 걷는다, 고로 나는 존재한다Ambulo ergo sum'는 명제를 내세웠다. 논쟁적이고 도발적인 응수다. 하지만 가상디의 명제는 '나는 걷는다고 생각한다, 고로 나는 존재한다'라는 데카르트식 답변에 큰 저항 없이 흡수된다.

위 명제들을 차용한 "브랜드다, 고로 나는 소비한다"라는 명제가 통하던 시대가 있었다. 그리고 최근엔 "가성비다, 고로 나는 소비한다"라는 명제가 힘을 얻고 있다. 하지만 이 명제가 힘을 얻고 있다 해서 "브랜드가 아니라 가성비다"라는 표현이 성립되는 건 아니다. 이 표현은 비문非文이다. 가성비와 브랜드는 양립 불가능한 것이 아니기 때문이다. 가성비는 제품 차원의 브랜드가 지닌 속성 중 하나다. 예를 들어, '가성비가 높은 브랜드'와 '가성비가 낮은 브랜드'가 있는 것이다. 이와 관련하여 황부영 브랜다임 대표의 말을 인용하는 편이 좋겠다. "브랜드가 몰락하고 가성비가 약진한다? 사람들이 브랜드를 버리고 가성비를 택하는 것이 아니다. 'Value for Money'를 핵심 가치로 내세우는 브랜드를 더 찾게 된다는 뜻이다."[15]

---

15   황부영, 《마케터의 생각법》, 갈라북스, 2018, p.213.

브랜드의 위기가 아니라
로고의 위기

'브랜드가 아니라 가성비'라는 말은 브랜드를 네임이나 디자인 따위의 포장으로만 간주한 매우 소박한 인식이다. 왜 그렇게 된 걸까?

브랜드의 힘이 강력해진 주된 이유는 한때 브랜드가 품질력을 강하게 상징했기 때문이다. 품질에 대한 인식과, 그와 관련한 연상 이미지가 좋을수록 구매 가능성이 높아졌는데, 브랜드는 바로 높은 품질을 보증하는 수표와도 같았다. 시간의 두께가 쌓인 브랜드는 이름만으로도 품질을 보증할 수 있었기 때문에, 브랜드 네임 관리는 브랜드 경영에서 가장 중요한 일 중 하나가 됐다.

데이비드 아커의 대표작 중 하나인《Managing Brand Equity》[16]의 부제가 '브랜드 네임의 가치 활용하기Capitalizing on

---

16   국내에서는《브랜드 자산의 전략적 경영》으로 번역돼 있다.

the Value of a Brand Name'인 것도 이러한 인식을 대변하는 것이다. 이는 소비 행위의 시작이 제품 카테고리에서 브랜드 네임을 떠올리는 연상력에서 시작된다는 전제를 깔고 있다.[17] 다시 말해 상거래의 시작은 브랜드 이름을 인지하는 것에서 시작된다는 의미이다. 물론 아커는 인지도를 최우선 가치로 상정하지 않았다. 많은 에이전시가 자신들의 사업적 이유로, 네임을 잘 만들고 디자인을 잘하면 매출이 오른다며 수많은 브랜드 이론을 왜곡했다. 하지만 브랜드 파워는 브랜드 인지도가 아니며, 브랜드 자산 요소 가운데 인지도보다 중요하게 관리해야 할

---

17   브랜드 네임에 대한 연상력은 마케팅 지표 조사에 늘 포함돼 있다. 연상력을 구성
      하는 것 중 주요한 요소로 '브랜드 인지도'를 들 수 있다. 이는 재인Recognition과 상
      기Recall를 평가한다. '재인 Recognition은 '다시Re, 再' '알아보는 것Cognition, 認'이다.
      브랜드의 보기를 제시하고, 이 가운데 들어 본 브랜드가 있는지 확인하는 것이다.
      브랜드 경영에서는 '보조 인지도'라 번역한다. '상기Recall'는 '다시re' '불러오는 것
      Call'으로 특정 카테고리를 제시한 뒤 보기 없이 특정 브랜드를 떠올릴 수 있는지
      알아보는 개념이다. '비보조 상기도'라 번역한다.

것은 '연상 이미지'다. 브랜드 관리 전략의 핵심은 바로 '연상 이미지' 관리에 있다.[18]

　제품에 대한 정밀한 정보를 충분히 커뮤니케이션하지 않았던 시절에는, '연상 이미지'는 광고를 통해 쉽게 주입됐다. 그리고 그 '연상 이미지'들은 브랜드 네임을 중심으로 축적됐다. 네임은 특정 매체 없이도 구두로 부를 수 있고, 쉽게 전파될 수 있는 브랜드 요소였기 때문이다. 브랜드 네임의 이러한 경제성 때문에 소비자들은 브랜드 네임을 제품에 대한 '정보 집약체'로서 받아들이기 시작했다. 이 시절에는 브랜드에 대한 총제적인 정보를 어떻게 디자인할 것인가라는 골치 아픈 문제보다, 브랜드 네임 하나만 예쁘게 디자인해 성과를 낸 것처럼 보이는 게 더

18　김지헌 교수는 아커 전략의 중심축을 '연상 이미지'로 간파하고, 이론과 실무 모두에 매우 쉽게 적용할 수 있는 유용한 책을 저술했다. 《디스이즈브랜딩》(턴어라운드, 2019).

손쉬웠을 것이다.

이후 브랜드 매니지먼트는 '상표 관리'로 전락했고, 대부분 브랜드 네임과 로고 디자인에 국한된 사고를 넘지 못했다. '제품을 넘어서지 못한 마케팅 근시안'에 갇혀 있는 기업들은 마찬가지로 '네임을 넘어서지 못한 브랜딩 근시안'에 빠져버렸다. 그 결과, 많은 이들이 '브랜딩 Branding'을 브랜드 네임이나 로고 디자인을 만드는 것과 동일시했다.

나는 이러한 해석의 태도를 '로고 중심주의 Logo Centrism'라고 부른다. 다양한 소비자 접점에서 브랜드 네임과 로고 디자인을 잘 노출만 하면 브랜드 자산 Equity을 올릴 수 있다는 발상이다. 그리고 이는 매출 실적 개선으로 이어진다고 믿는다. 많은 브랜딩 에이전시와 기업 들은 한동안 로고 중심주의에 빠져, 네임, 슬로건, 스토리, 로고 디자인 등을 바꾸고, 로고 디자인을 중심으로 일관된 소비자 경험을 창출하면 비즈니스가 탄력을 받는 것은 물론, 매출까지 올릴 수 있다는 청사진을 제시했다. 학계든, 기업이든, 에이전시에 속했든, 적지 않은 사람들이 브랜드 로고를 어떤 식으로 노출하고 다뤘는지에 대한 수많은 케이스 스터디를 진행했다. 브랜드 매니지먼트는 로고 사용에 대한 매니지먼트로만 협소하게 이해돼 왔다. 어쩌면 의도적인 오독의 결과다.

이런 인식은 부분적으로만 옳다. 그리고 맥락에 따라서 판단이 달라진다. 브랜드 네임과 디자인만으로 매출이나 주가를 올리긴 쉽지 않다. 아커를 필두로 한 많은 이론가들의 브랜드 관리 전략은 제품을 '브랜드'로 육성하기 위한 장기적인 전략 로드맵을 담고 있다. 보약은 장기 복용해야 효과가 있듯 브랜드 관리 역시 '시간'을 필요로 한다. 이는 다양한 실험과 장기적 상관관계 분석을 통해 입증돼 왔다.

문제는 기업에서는 자주 단기간 내 매출을 올릴 수 있는 무언가를 원한다는 점이다. 임원은 단기 계약직이고 직원들은 매번 평가를 받기 때문이다. 그래서 그들의 니즈에 맞춰 브랜딩의 효과를 단기적으로 약속해 온 로고 중심주의자들은 지금 다양한 도전을 맞이하고 있다. 현재 회자되는 '브랜딩의 위기'라는 건 브랜드의 위기라기보다, 로고 중심주의의 위기라 하는 게 더 맞지 않을까?

셋,
의미의 이동

사람들이 물건을 사는 건 유용성뿐 아니라,
의미 때문이기도 하다.

—시드니 J. 레비•

•   Sidney J. Levy, 'Symbols for Sale', 《HBR》, 37, July–August 1959.

의미를 사는
소비자

다이어트를 하고 있는 한 여성에게 달콤한 치즈 케이크는 어쩌면 강한 유혹일지 모른다. 치즈 케이크를 먹는 순간 좌절감을 느끼며 스스로를 의지가 약한 인간으로 생각할 가능성이 높다. 2020년 4월 30일 기준으로 인스타그램에 '#의지박약다이어터'라는 해시태그가 1,860개나 되는 걸 보면, 적지 않은 사람들이 이런 상황에 빠지는 것 같다.

이런 사람들의 심리를 읽은 식품 회사들은 오래전부터 '죄의식을 없애는Guilty-Free' 마케팅을 고안했다. "달지만 칼로리를 낮췄다"라든가, "오늘 열심히 운동했다면 하나 정도 먹어도 괜찮아"라는 식으로 말이다. 그런 마케팅의 학습 효과 때문인지, 적지 않은 여성들에게 초콜릿이나 케이크는 '열심히 운동한 스스로에게 주는 선물'이 된다. 초콜릿의 '단맛'뿐 아니라, 셀프 선물이라는 '자기 보상'을 구매한 셈이다.

소비자는 단지 제품의 기능이나 유용성만으로 구매하지는

않는다. 그것이 나에게 어떠한 의미로 해석되지 않으면 쉽사리 지갑을 열지 않는다. 브랜드의 효용도 중요하지만, 브랜드의 의미는 더욱 중요하다.[1]

소비자들은 대부분 제품의 실제 가치에 해당하는 적합한 가격을 알지 못한다. 인터넷상 리뷰와 누군가의 분석을 본다 해도, 합리적인 소비자로서 제품의 유용성을 명확히 계산하기 어렵다. '합리적 소비자'라는 신화는 조금만 생각해 봐도 전적으로 믿기 어렵다. 과연 드럼 세탁기를 구매할 때 그 성능을 합리적으로 테스트하면서 구매하는 소비자가 얼마나 될까? 혹은 남들이 분석한 성능 데이터를 꼼꼼히 따져서 세탁기를 사는 소비자는 몇이나 될까? 과거에는 기업이 제시한 실험 결과와 광고

---

1   분명한 건 1959년 시드니 레비의 기념비적 논문 〈판매를 위한 상징Symbols for Sale〉 이후, 많은 연구자들이 브랜드의 의미가 시장 가치에 미치는 영향을 연구했다.

이미지로 구매했으나, 지금은 기업이 생산한 데이터보다 소비자들이 직접 생산한 데이터가 구매에 더 많은 영향을 준다. 믿음의 원천이 기업에서 소비자들로 이동하고 있을 뿐, 구매 결정이 남들이 만든 데이터에 의존하고 있다는 사실은 달라지지 않았다.

우리는 다른 사람들이 만든 데이터 속에서 스스로 취할 만한 의미를 찾는다. '스마트한 소비자'가 되고 싶으면 가성비를 택할 것이고, '세련된 소비자'가 되고 싶으면 가격이 좀 더 비싸도 디자인이 뛰어난 심미적 소비를 할 것이다. '윤리적 소비자' 또는 '개념 소비자'로 보이길 원한다면 조직적으로 CSR을 열심히 실천하는 기업의 제품에 좀 더 높은 점수를 준다. 동기가 무엇이든 '구매해도 괜찮다는 믿음'이 있으면 기꺼이 지갑을 연다. 소비 활동은 어떤 면에서 헌금을 내고, 내가 듣고 싶은 위로와 희망의 메시지를 듣는 종교적 제의와 비슷하다.

브랜드 의미
공식

소비자가 좋아할 만한 브랜드의 의미는 어떻게 만들까? 그리고 그 의미를 어떻게 차별적으로 기획할 것인가?

사실 차별화는 쉽지 않은 것 같다. 그래서 늘 골치가 아프다. 하지만 좀 더 쉽게 생각해 보는 것은 어떨까? 똑같은 제품이라도 이름을 달리하면 차별화가 된다. 포장 디자인도 마찬가지다. 근본적인 기능을 달리 하지 않아도 차별화의 요소는 매우 많다.

한 가지만 명심하자. 차별적 가치가 있어도 무조건 판매가 이뤄지지는 않으며, 어설프게 차별화할 바에는 기본 가치에 충실한 편이 훨씬 낫다는 것을. 그리고 기본기가 없는 이미지 차별화는 해악이 될 수 있다는 것까지도.

타사 제품에는 없는 특수 버튼과 음성 지원 기능이 장착됐지만 버튼이 잘 눌리지 않는 리모콘이 있다고 하자. 차별화는 되겠지만, 기본 가치가 떨어져서 판매가 잘될 리 없다. 화려한 외

모와 스펙으로 차별화된 사람이라도 기본적인 인간미가 없다면 매력적이지 않은 것과 같다. 매우 맛이 있고, 매력 넘치는 디자인과 광고가 있다 해도 음식에 곰팡이가 있는 것과 마찬가지다. 차별화만큼 중요한 건 기본 가치다. 기본 가치를 충족해야 정상적인 상품이 될 수 있다. 업에서 필요한 기본 가치에 차별화 요소가 더해질 때 비로소 브랜드가 태어난다.

카테고리(Category) + 알파(α: 차별화 요소) = 브랜드 의미(Brand Meaning)

'테라' 맥주는 '라거'라는 카테고리에 '깨끗함Fresh'이라는 '알파'를 더해 '청정 라거'라는 브랜드 의미를 얻었다. 볼보Volvo 구매자는 4륜 구동 철제 자동차를 사는 게 아니라, '안전'이라는 의미를 소비한다. 볼보는 '안전한 자동차'다. 2009년 중국의 지리사社가 볼보를 인수한 후 볼보는 굉장히 쿨한 디자인으로 재

	카테고리(Category) +	알파(α) =	브랜드 의미(Brand Meaning)
볼보	자동차	안전	안전한 자동차
티파니	반지	청혼	프러포즈 반지
레고	장난감	이야기	스토리 토이

탄생했는데, 이후 볼보의 의미에는 '트렌디'가 추가됐다. 이처럼 브랜드 의미는 제품과 조직의 진화를 따라 함께 성장한다.

티파니Tiffany는 단지 반지가 아니라 '청혼'의 의미가 더해졌고, 한때 여성들에게 타다Tada는 커다란 택시가 아니라 '안심 이동' 혹은 '쾌적한 이동'을 의미했다. BMW는 '자동차'에 '자수성가'를 더해 '자수성가한 능력 있는 CEO들의 자동차'를 의미한다. 원래 경쟁 상대인 벤츠Benz는 '자동차'에 '성공'이라는 알파를 더해 '성공한 자들의 자동차'를 뜻했다. 그런데 벤츠를 견제하던 BMW는 벤츠의 소비자를 '물려받은 재산으로 성공한 사람', BMW의 소비자는 '자기 능력만으로 성공한 젊고 능력 있는 CEO'로 포지셔닝해 버렸다.

'레고 무비2'의 포스터. 레고 경영진들은 레고의 본질이 장난감이 아니라
이야기에 있음을 간파하여 제2의 전성기를 맞이했다.

아이들에게 레고Lego는 단지 완성을 위해 조립해야 하는 시간 때우기 아이템이 아니다. 상상을 펼칠 수 있는, 스토리텔링을 위한 최적의 교보재다. 즉흥적으로 이야기를 만들며 노는 아이들에게 쉽게 부수고 새로운 모습을 만들 수 있는 레고야말로 훌륭한 스토리 도구다. 이 경우 레고의 의미는 본질적으로 '이야기'와 연관돼 있으며, '만들 수 있는 것'보다 '쉽게 부술 수 있는 것'이 매우 중요한 속성이 된다.

브랜드의 의미 생산을 위한 '알파'는 주로 ① 소비자의 니즈,

② 자사의 특징/강점, ③ 경쟁적 차별화(가격, 기능, 상징적 의미…) 등을 검토하여 도출한다. '알파α'는 자기다운 것일수록 경쟁적 차별화를 도모하기 용이해진다. 남들이 쉽게 모방할 수 있는 '알파'라면 자기다움을 확보하기 어렵고, 본질적 차별화를 도모하기 쉽지 않다.

　물론 '알파'가 기존 시장을 교란시키고 무너뜨리는 '파괴적 혁신Disruptive Innovation'이어야만 하는 건 아니다. 때론 튀거나 차별적으로 보이지 않아도, 소비자에게 중요한 가치라 생각된다면 자기만의 '알파'로 선택할 수도 있다. 볼보가 선택했던 '안전'이라는 알파는 어느 누구도 따라할 수 없는 혁신적인 코드는 아니었다. 하지만 볼보는 안전의 의미를 자기답게 강화시켰다. 볼보는 최초의 3점식 안전벨트 제작 등을 통해 '안전'을 '볼보의 것'으로 만들어 갔다. 1990년대 볼보의 한 포스터 광고 카피는 'Volvo, because you only live once'였다고 한다. 한 번 사는 인생이니 목숨 귀한 줄 알고 안전한 차를 타라는 의미였다. You Only Live Once. '욜로YOLO'. 지금은 정반대로 사용되고 있다. '어차피 한 번 사는 건데 막 살고 즐기라'는 식으로. 뭐 어떤가! 의미는 언제나 미끄러지며, 세대는 늘 달라지는 것을.

의미의 맥락을
바꾼다

일본과 관련된 흥미로운 이야기가 있다.

먼저 네슬레.[2] 네슬레는 일본 커피 시장에 진입했으나 통 성과가 나오지 않았다. 여러 원인과 소비자를 분석하니 일본인들은 차茶에 정서적으로 강하게 연결돼서 다른 음료를 쉽게 받아들이지 않고 있었다. 이러한 문화적 코드가 지속된다면 네슬레의 시장 진출은 실패로 끝날 게 뻔했다.

네슬레는 전략을 수정했다. 커피 판매를 밀어붙이는 대신, 아이들을 대상으로 한 커피 맛 디저트를 만들었다. 물론 카페인 없이. 어릴 적부터 커피 맛에 긍정적 감정을 갖는다면 이 아이들이 성인이 되어 커피와 마주할 때 커피 맛 디저트를 먹었던 '어릴 적 향수'를 떠올리며 커피를 쉽게 받아들일 것이라 생각했다. 네슬레는 '차'의 맥락을 지우고 '디저트'의 맥락으로 의미

---

2   Clotaire Rappille, 《The Culture Code》, Broadway Books, 2006, p.16~19.

를 이동시켰다. 1970년대 이전까지만 해도 판매가 거의 이뤄지지 않던 일본 커피 시장은 현재 대단한 규모로 성장해 있다. 네슬레의 디저트 전략은 일본 커피 시장의 역사에 분명 의미 있는 족적을 남긴 사건으로 기록될 만하다.

두 번째는 소비재 시장에서 탁월한 마케팅 역량을 펼치고 있는 지인의 이야기다. 이분은 한때 막걸리 사업을 한 적이 있었다. 일본에 지점을 열어 사업을 하는데, 좀처럼 막걸리 소비 회전율이 올라가지 않아 고민이었다. 일본인들이 막걸리를 너무 천천히 마시고 있었다. 마치 차를 마시는 것처럼. 그래서 바로 막걸리 잔을 '맥주 잔'으로 바꿨다고 한다. '차'의 맥락이 '맥주'의 맥락으로 바뀌었고, 막걸리는 매우 젊은 술이 됐다. 그러자 소비 회전율이 높아졌고 매출이 증대됐다.

두 사례에서 알 수 있는 건, 제품이 사용되는 맥락만 바꿔도 소비를 증대시킬 수 있다는 점이다. 앞의 경우에서 소비자들은 커피나 막걸리를 '어릴 적 향수'나 '젊은 술'이라는 의미 때문에 구매했다고 할 수 있다.

의미 맥락을 변경하여 세일즈에 성공한 경우는 생각보다 많다. 어느 생식 제품을 팔던 분은 사업 초기부터 장사가 잘되자 신이 나 있었다. 그런데 며칠 뒤 상당수 구매자들이 회사에 전화를 걸어 "설사가 심해졌다"고 항의하며 환불을 요구했다. 사장님은 여러 고민을 하다가 평생을 사업만 한 친구에게 고민을 털어놓았다. 사장님은 그 친구를 통해 답을 얻었고, 이후 생식을 판매할 땐 다음과 같이 이야기했다.

"이거 드시고 일주일 내에 설사를 시작하지 않으면 안 됩니다. 반드시 설사를 해야 효과가 있는 겁니다."

구매자들은 또다시 전화를 걸어 왔다. 하지만 이번에는 반응

이 달랐다. "제가 아직도 설사를 하지 않아서 큰일이에요. 어떡
하죠? 좀 더 많이 먹어야 할까요?" 설사는 '부작용'에서 '명현
현상[3]'으로 탈바꿈됐다. 이후 판매는 증대됐고, 소비자들도 안
심하고 건강을 회복할 수 있었다고 한다.

　미국의 부동산 중개인들은 종종 집을 살 것 같은 고객이 오
면 집주인에게 빵을 미리 구워 놓으라고 주문한다.[4] 미국인에
게 빵 냄새는 '가족적 가치'를 불러일으킨다. 빵 냄새가 가득한
집에 들어오면, 좀 더 '집 같은 집'으로 인식되고 정서적으로 선
호도가 높아진다. 전업주부의 경우에는 자신이 가족을 위해 빵
을 구우며 단란한 가정을 꾸릴 수 있다는 느낌을 가질 수도 있
다. 결과적으로 부동산 중개인은 '빵 냄새'를 통해 '집'을 판매한

3　　장기간에 걸쳐 나빠진 건강이 호전되면서 나타나는 일시적 반응. 근본적인 치료
　　　가 이루어지는 징후로 이 반응이 강할수록 치료 효과가 높아진다.

4　　Barry Feig, 《Hot Button Marketing》, Kindle Edition, p.11.

게 아니라 '가족애'를 판매한 것이다.

　내가 사는 동네 어느 부동산과 관련된 이야기다. 집을 내놓은 어떤 분이 중개인에게 흥미로운 문자를 보냈다. 요약하면 '급매. 아이 한 명은 고시 합격, 다른 한 명은 S의대 수석. 계약자에겐 공부 비법, 서적, 책장, 노트까지 전수'. 계약은 금세 성사됐다. 꿈이 검사인 아이를 둔 부모님이 계약했다. 같은 조건이면 자녀의 꿈을 이룰 것만 같은 좋은 기운이 있는 집을 원했을 것이다. 같은 가격대 동일 조건의 집과 달리 이 집은 '공부 비법'과 '성공의 기운'이 있었다. 그 계약자에게 이 집은 단지 잠을 자는 곳이 아니라 '자녀의 꿈이 이뤄지는 곳'이 된 것이다.

　내 상품의 의미가 통하지 않을 땐 과감히 의미의 맥락을 바꿔라. 자기 정체성을 고집하여 지나치게 표면적 일관성을 내세우지 말자. 본질을 잃지 않되, 시장과 소비자에 따라 유연하게

의미 맥락의 이동 사례

차(Tea)	──커피의 맥락 이동──▶	어린이 커피 맛 디저트
차(Tea)	──막걸리의 맥락 이동──▶	맥주
부작용	──설사의 맥락 이동──▶	명현 현상
부동산 스펙	──집의 맥락 이동 1)──▶	가족애
잠자는 곳	──집의 맥락 이동 2)──▶	자녀의 꿈이 이뤄지는 곳

네슬레는 맥락 이동을 위해 새로운 디저트를 고안했고, 내 지인은 음료 잔을 바꿨다. 생식을 팔던 사장님은 한마디의 말로 프레임을 바꿨고, 미국의 부동산 중개인은 빵 냄새로 맥락을 바꿨다. 그리고 검사가 희망인 자녀를 둔 부모는 고시 합격생을 배출한 기운과 비법이 있는 집을 구매했다.

형식을 바꿀 수 있어야 한다. 막걸리를 맥주잔에 준 것처럼. 자기다움은 형식에 있지 않다.

이떼 펠터를 부여하여 무엇이 될까요?

헬름 곧 잊기 원한 채 본능들이 이 개새끼를 양는지 가기 어려워

기호로서의
브랜드

의미의 이동을 기획하려면 '고정된 의미'를 조심해야 한다. 사람은 세계를 인식하고Perceiving, 인식된 결과에 의미를 부여하며Signifying 그 의미를 저마다 해석한다Interpreting. 이러한 해석의 과정은 최종 의미를 결정짓기 전까지 무한히 반복된다. 그리고 의미를 전달하는 기호Sign는 맥락에 따라 매번 새로운 의미로 탈바꿈한다.

'빨간색'은 교통의 맥락에서 '정지'를 의미하지만, 디자인의 영역에서는 '열정'을 상징한다. 투우장에서는 소를 흥분시키는 '돌진'을 의미한다. 이러한 의미화 과정을 통해 '빨간색'은 단지 장파장의 강렬한 시각적 자극을 주는 컬러가 아니라, 여러 의미를 실어 나르는 '기호'가 된다.

마스크라는 상품 역시 다양한 맥락과 의미가 있다. 과거에 마스크를 쓰고 다니면 단순한 감기 환자였다. 여름날 압구정에서 마스크를 쓰고 활보하면 성형 수술을 했다는 표시였다. 연예인들에게 마스크는 얼굴을 가리는 의미이지만, 그게 멋져 보였던 누군가에게는 패션 아이템이 될 수 있다. 마스크는 단지 '방한대'가 아니라 '페이스웨어'가 된다. 애석하게도 지금은 마스크를 써야만 질병에 걸리지 않는 시기이며, 마스크는 '생명 보호 장치'가 됐다. 또한 마스크는 타인에게 혹시 섞여 있을지 모를 바이러스를 옮기지 않겠다는 '배려'의 상징이 됐다. 이렇게 기호가 된 상품은 시장에서 다양한 의미로 소비된다.

이 시대에 무언가를 소비한다는 것은 상품이나 서비스 외에도 '기호'까지 유통된다는 걸 의미한다. 상품 소비와 기호 소비가 맞닿는 그 지점에 브랜드가 위치한다. 브랜드는 상품 차원의 가치와 더불어 기호 차원의 의미도 지니고 있기 때문이다. 그래서 브랜드는 가치의 집합이자 의미의 교차로다. 상품과 기호의 세계가 합쳐져 브랜드의 세계를 이룬다.

기호로서의 브랜드는 단순히 제품의 가성비나 사용 효용을 넘어선다. 브랜드를 제품 수준으로 파악하는 모든 담론은 브랜드에 내재된 여러 의미를 은폐한다. 우리는 그러한 좁은 인식을 넘어서야 한다. 기업의 브랜드 경영은 보다 포괄적 맥락에서 운용돼야 한다. 그럴 때 자기만의 차별적 강점과 고유함을 강화할 수 있는 다양한 길이 열릴 것이다.

기호Sign

기호는 '의미하는 것'과 '의미되는 것'의 결합이다. 소박하게 빗대어 보자면, '표현'과 '의미'다. 표현과 의미의 결합은 하나의 기호를 만든다. 멀쩡한 집에서 '연기가 피어오르는 장면'은 '집에 불이 났음'을 의미한다. 신호등의 '빨간 원'은 '정지'를 의미한다. 마트 주인에게 내민 '1만 원'은 '물건 값'이지만, 신호 위반을 단속한 경찰 앞에 내민 '1만 원'은 '뇌물'을 의미한다.

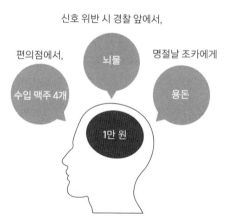

동일한 대상도 맥락이 바뀌면 의미도 바뀐다.

브랜드의 본질은 '의미'에 있다.
브랜딩의 본질은 '차이'에 있다.
브랜드는 '의미'를 지닌 '기호Sign'이며,
브랜딩은 '의미'로 '차이'를 만들어내는
'기호 활동'이다.

제품 소비가 평준화되지 않는 한,
모든 의미가 동질화되지 않는 한,
브랜드라는 기호 시스템은
계속 작동될 것이다.

옷에서 이야기로:
스토리웨어 꼬까참새

아이를 키우면서 옷을 입히는 단순한 행위조차 만만치 않다는 것을 알게 됐다. 한 아이는 사탕을 먹지 말라고 했더니 옷을 입기 싫다고 버티고 있고, 다른 아이는 옷이 더러워졌는데도 어제 입었던 미니언즈 티셔츠를 또 입겠다고 소리를 지른다. 잠시 커리어를 포기한 아내의 고생이 느껴지고, 나는 돈을 더 열심히 벌어야겠다고 다짐한다. 결국 식전부터 사탕을 먹여야 옷을 입힐 수 있었고, 미니언즈 티 대신 공룡 티셔츠가 왜 더 좋은지 이런저런 이야기를 해야 상황이 종료될 수 있었다.

아이에게 옷을 입히는 과정은 늘 전쟁인데, 엄마들이 SNS에 올린 아이 옷 입은 사진들을 보면 전혀 그런 낌새를 알아차리기 어렵다. 엄마들은 이미 베테랑이기 때문일 수도 있고, 그런 일상의 전투를 굳이 알릴 필요가 없다고 생각할 수도 있다.

2018년 어느 날 '꼬까참새'라는 유아 브랜드와 연을 맺고, 이 브랜드를 새롭게 정비할 수 있는 좋은 기회를 맞이했다. 꼬까참새는 순수 국내 브랜드로 아이들 양말과 팬티의 질이 높다. 그리고 실내복이지만 디자인이 예뻐 외출복으로도 입는 '원마일 웨어 1 Mile Wear'로 인기를 끌고 있는 브랜드였다. 우리 과업은 꼬까참새라는 브랜드의 업의 본질을 재정의하고 브랜드 경험을 재정비하는 일이었다.[5]

업의 본질을 새롭게 정의하기 위해서는 먼저 고객이 처한 상황을 파악해야 했다. 육아를 도맡고 있는 전업주부, 직장을 다니는 엄마 아빠와 크리에이티브 토크를 진행했다. 아이의 나이는 2세, 5세, 12세 등 다양했다. 엄마 아빠들의 아이 옷에 대한 이야기는 크게 두 가지로 구분됐다.

---

5 업의 본질 정의는 나의 첫 책 《본질의 발견》에서 소개한 BEAT 프로세스에 따라 진행했다. 여기서는 그 세부 과정을 일일이 소개하지 않는다.

먼저 품질 지향적 소비자.

"가격이 제일 중요해요. 디자인이 매우 예뻐도 비싸면 안 사요."

"비슷한 가격대에서는 제품력을 많이 따지죠."

"세탁기 돌릴 때 늘어나지 않거나 보풀이 일어나지 않는 게 중요하죠."

"소재가 괜찮은지 확인하고, 안 좋으면 안 사요."

"실내복은 촉감이 중요해요."

"아이들이 활동하기 편한 옷을 사요. 옷이 불편하면 입기 싫어해요."

디자인 지향적인 미학적 소비자도 있었다.

"돌이 지나면 다른 거 안 보고 디자인만 보고 골라요."

"브랜드보다는 아이와 잘 어울릴만한 디자인을 더 따지죠."

"컬러감이 좋거나 원래 옷들과 색 조합이 예쁘면 사요."

"눈에 확 띄는 옷이 있으면 사요. 아이가 특별하게 보일 수 있
으니까요."

여기서 사유를 멈추면, '품질 좋은 예쁜 옷'을 만들어야 한다
는 결론에 도달한다. 너무 뻔한 결론이다. 옷을 고르는 표면적
인 이유만 듣고 그들의 속마음이나 그들이 처한 상황을 알기
어렵다. 다른 방향의 관찰과 대화가 좀 더 필요했다. 근본적인
지점에서 육아, 그리고 유아복에 대한 주 양육자—대부분 엄
마—의 태도와 속마음을 파악해야 했다.

먼저 엄마들의 이야기를 들었다.

"내 아이와 가정을 보살피면서 큰 행복을 느끼고, 인생에서 커

다란 무언가를 이뤄내는 기분이에요."

"아이를 키우고 가정을 보살피면서 제가 더 성장하는 걸 느껴요."

"아이 웃는 모습을 보면 힘든 게 싹 사라지죠."

아이에 대한 사랑으로 아이를 한껏 예쁘게 꾸며 준 엄마들은 인스타그램에 '인증샷'을 올렸다. 아이에게 옷을 입히기 어려웠음을 호소하는 엄마, 그래도 고생 끝에 입혔더니 아이가 좋아하더라는 엄마에 이르기까지 옷을 성공적으로 입힌 무용담들이 적지 않았다. 엄마들의 이 고생 가득한 전투는 성공적인 한 컷의 사진을 전리품으로 획득하면서 마무리됐다. 우리는 행복한 가정을 이루기 위해, 스스로를 희생하며 가족을 돌보는 자신의 노력을 인정받고 싶은 그녀들의 욕구를 읽을 수 있었다.

전문가들의 이야기도 살폈다.

"부모는 흔히 아이의 옷을 살 때 경제력과 권력을 발휘합니다. 아이가 어릴수록 부모의 영향력은 강합니다. 부모는 자녀를 특정한 방식으로 표현하는 데 관심을 둡니다. 아이가 입혀지는 방식은 부모의 라이프스타일, 경제적 지위, 아동관views of childhood에 대해 뭔가 말해 주기 때문입니다."[6]

부모들은 아이가 전적으로 좋아하는 옷만 입히지 않는다. 아이의 선택이 미숙하다고 생각하기 때문이다. 이 이면에는 부모의 체면이 자리하고 있었다. 부모는 자녀를 통해 자기 취향과 스타일을 적극적으로 표현한다. 전문가들은 이를 두고 '부모의 확장된 자아parents' extended selves'라고 불렀다. 유아복의 선택에

---

6   Kristina Bartley et al, 〈Motherhood and blogs about children's fashion〉, Peer-reviewed paper presented at University of Edinburgh, Business School. CTC 2014.

는 부모의 '통제' 코드가 존재한다는 것이다. 특히 가부장 질서가 여전히 위력을 떨치는 한국 사회에서는 주 양육을 맡은 엄마가 아이의 의복 선택에 보다 깊이 관여한다.

이 '통제'의 코드는 비단 옷에 국한되지 않는다. 생각해 보라. 주로 엄마들은 가족의 영양을 위해 식단을 '조절'하고, 가족의 사회생활을 위해 의복의 청결 상태를 매일 '점검'하며, 가족의 건강을 위해 집안의 위생 상태를 '관리'하고, 가족의 행복과 즐거움을 위해 여가 생활을 '기획'한다. 엄마들은 '조절'하고, '점검'하며, '관리'하고, '기획'한다. 가족의 사랑과 행복을 위해 자신을 희생하며 집안 내 모든 상황을 '통제'하고 있는 셈이다. 아이의 옷에 대해 부모가 지니고 있는 심층 무의식은 바로 '통제'였다.

아이가 이 '통제' 범위를 벗어나려고 하면 '전쟁'이 시작된다. 잘 꾸며 놓은 집에 아이가 벽이며 바닥이며 온갖 곳에 낙서를 시작하는 순간 전쟁은 시작된다. 바쁜 아침에 옷을 입히고 외출 준비를 하는데, 아이가 생떼를 쓰며 옷을 다 벗고 울기 시작할 때 전쟁은 시작된다. 식탁 의자에 가만히 앉아 식사하지 못하고 이리저리 움직이고, 식탁 위를 올라가며 밥을 제대로 먹지 않을 때 전쟁은 시작된다. 육아 전문가들은 도대체 육아를 어떻게 하길래 아이에게 '소리도 지르지 말라'고 하는 걸까? 아이에게 "안 돼!!!!!! 하지 마!!!!!!"라고 소리를 지르고 나면, 고상한 말만 반복하는 육아 전문가들의 조언이 의심스럽다. '분명 그들은 박사 학위를 받으며 공부를 하는 동안, 아이를 직접 키우지 않았을 거야'라고 스스로 위로하기 일쑤다. 아이와 함께해 온 모든 시간이 행복한 순간이라고 말했던 엄마들은 대화가 진행되자 다른 말들을 쏟아냈다.

"육아 집중기로 다시 돌아가고 싶지 않아요."

"아이가 말을 안 들을 때 지치죠."

"육아가 너무 힘들어서 울기도 했어요."

"처음에는 막연하게 아기를 좋아하니까 쉬울 것 같았는데, 아이가 크면 클수록 제 역할이 중요하다는 것도 느끼고, 육아를 어떻게 잘해야 할지도 모르겠어요."

"나도 불완전한 사람인데 아이를 길러야 한다는 게 막막했죠."

"회사와 육아를 병행할 때 체력적으로 많이 힘들었어요."

"10년이 지났는데도 아이 대하는 방법을 지금도 알아가고 있어요."

어린아이를 둔 엄마들은 불안감, 걱정, 자기 통제를 벗어나는 상황에 대한 스트레스가 있었다. 이것이 반복될수록 육아 방향에 대한 자신감을 잃고 있었다. 우리는 엄마들이 처한 근본적인 문제를 '미숙한 통제력'으로 정의했다.

아이를 사랑하지만, 내 마음처럼 따라주지 않을 때 스트레스를 느끼고, 불완전한 자기 양육 능력 때문에 우울감까지 느꼈다. 잘해 보려고 육아 전문가들의 책이나 강연을 찾아보지만, 이상적이고 비현실적인 조언 앞에서 더욱 심한 우울감에 빠져드는 엄마들. 생활의 모든 영역에 대한 해결책을 제시할 순 없었지만, 적어도 유아복에 관해 뭔가 의미 있는 방향을 제시하고 싶었다. 옷을 통해 소소한 즐거움과 행복을 주기 위해서는 아이 옷을 입힐 때 발생하는 스트레스를 덜어 줄 솔루션이 필요했다.

또다시 질문. "아이가 옷을 입으려 하지 않을 때 어떻게 입히세요?"

"로봇 캐릭터가 있는 양말을 무조건 신어야 해요."

"캐릭터가 있는 옷을 입을 때는 제가 합체라고 얘기하죠."

"아이가 옷 입을 때 저랑 같이 누가 더 빨리 입나 시합을 해요."

"아이가 세 명이니까 누가 더 빨리 입는지 경쟁심을 유발해요."

"옷을 잘 입으면 젤리를 주거나 칭찬을 해 줘요."

옷을 입으려고 하지 않는 아이들에게 즐겁게 반응하고 놀 수 있는 이야기나 보상을 주는 방식. 이것이라면 꼬까참새가 잘할 수 있는 일이었다. 우리는 꼬까참새가 고객들에게 실천해야 할 미션을 '플레이 스토리 Play Story'라고 정의했다. 엄마와 아이가 일상의 소소한 행복을 느낄 수 있도록 함께 즐겁게 놀 수 있는 스토리를 제공하자는 것이었다. 끊임없이 놀아달라는 아이, 이야기를 들려달라는 아이 앞에서 이야깃거리가 떨어져 가는 엄마들에게 옷과 이야기를 동시에 제공하자는 것. 우리가 찾은 답은 바로 '스토리'였다.

영화 '인생은 아름다워'에서는 유대인 학살이라는 비극적 상황 속에서 아이를 행복하고 즐겁게 양육하기 위해 게임이라는 스토리를 부여한 아버지가 등장한다. 아버지의 눈물나는 부성애로 아들은 비극적인 상황에서도 웃음을 잃지 않는 아이로 자랄 수 있었다. 영화 '라이프 오브 파이'에서 꼬마 주인공이 역경을 헤쳐 나갈 수 있었던 것도 스토리 때문이었다. 바다에서 조난을 당해 227일간 표류한 소년의 이야기. 바다 위에서 인육을 먹으며 목숨을 부지할 수밖에 없었던 끔찍한 상황을 호랑이, 원숭이, 하이에나의 싸움으로 생각하며 만들어 낸 스토리가 없었다면 소년은 맨정신으로 버티지 못했을 것이다. 스토리가 있어야 인생은 아름다워지고, 스토리가 있어야 인생은 극복 가능한 것이 된다. 그리고 스토리가 있어야 인생은 생기를 얻는다.

이제 꼬까참새가 해야 할 일은 '스토리'를 만드는 것이었다. 꼬까참새는 '옷'을 파는 회사가 아니라, 아이와 부모의 삶을 생기 있게 만들 스토리를 파는 회사로 진화해야 했다. 우리가 찾은 꼬까참새의 '업의 본질'은 '스토리 테일러 Story Tailor'였다. 안

꼬까참새의 '업의 본질' 정의 과정

부모가 유아복에 대해 갖는 심층 코드	통제 Control
엄마들이 처한 상황	미숙한 통제력
실질적 해결 방안	플레이 스토리 Play Story
꼬까참새 업의 본질	스토리 테일러 Story Tailor
비즈니스의 진화	1 Mile Wear 〉Story Wear 〉Story Ware

전하고 예쁜 옷은 물론이고, 아이와 함께 즐길 수 있는 이야깃
거리를 제공해 일상의 행복을 디자인하는 일. 꼬까참새만의 업
의 본질을 얻고 나자, 비즈니스의 방향도 그려졌다. 지금은 '원
마일웨어 1 Mile Wear'를 팔고 있으나, 앞으로는 '스토리웨어 Story
Wear'를 팔아야 하고, 궁극적으로는 각종 문구류와 유아용품을
포함한 '스토리웨어 Story Ware'를 팔아야 한다.

'스토리'는 꼬까참새의 본질을 구성하며, 브랜드 경험을 디자
인하는 중심축이 됐다. 먼저 스토리를 기반으로 로고부터 바꿨
고, 이를 기반으로 패키지, 포토, 제품 설명 방식, 이벤트 등 고

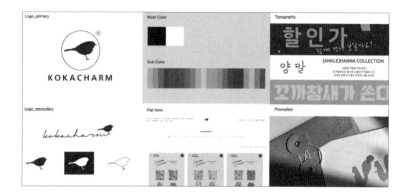

꼬까참새의 과거 디자인.

객이 경험하는 브랜드 경험 접점을 새롭게 디자인했다. 기존 로고는 움직이지 않는 박제화된 참새였다. 하지만 이야기를 전하는 스토리웨어로서 참새부터 생기 넘치는 메신저가 돼야 했다.

브랜드 경험은 로고만으로 창출되지 않는다. 고객의 경험은 로고뿐 아니라, 다양한 프로그램과 다양한 접점에서 펼쳐지는 디자인을 통해 빼곡히 쌓여 간다. 꼬까참새는 다양한 이벤트와 굿즈, 패키지, 커뮤니케이션을 통해 '스토리웨어'의 본질을 전달하고자 노력하고 있다.

꼬까참새의 새로운 로고 스토리.

Welcome!

쥐, 해파리, 뱀, 악어, 코끼리 ·
다양한 동물 친구들을 만날 수 있어요 !

동물 농장 이야기 컨셉의
양말 5종 세트.

꼬까참새는 대표와 임직원들의 진지한 고민과 실천력으로 2019년 사옥을 올리고 스토리웨어 Story Ware까지 판매하는 편집 숍을 운영하고 있다. 해외에도 활발히 수출을 하고 있어 글로벌 강소 기업으로 성장 중이다. 이 브랜드는 유아복이라는 카테고리에 자기만의 알파로 '이야기'를 더했다. 지금도 많은 엄마들이 아이와 특별한 경험을 쌓고 싶을 때 꼬까참새를 찾는다.

투혼에서 공감으로:
대한축구협회의 새로운 정신

나는 축구를 잘 보지 않는다. 내 취미 영역에서 스포츠는 관심 밖이다. 하지만 내게도 강렬한 인상을 남겼던 축구 경기가 있었다. 2002년 월드컵. 축구에 관심이 없는 대부분의 사람들도 아마 당시의 월드컵은 하나의 사건으로 기억하고 있을 것이다. 축구는 온 국민을 길거리로 이끌어 응원을 하게 만든 유일한 스포츠였다. 집에서, 놀이터에서, 호프집에서, 길거리에서 모두가 한 목소리로 응원을 했던 당시 풍경은 많은 이들의 연구 대상이었다.

붉은악마와 함께 빨간 티셔츠를 입고 거리를 점거한 시민들의 모습에서 누군가는 '전체주의'를 읽었고, 누군가는 '레드 컴플렉스'를 이야기했으며, 추상화Abstraction를 좋아하는 누군가는 '민족적 제의', '별신굿판' 등의 해석을 생산했다. 4년 뒤 2006년에도 길거리 응원 문화가 지속되자 누군가는 상업주의와 결탁한 응원 집단을 욕했고, 또 누군가는 "축구 보러 집 나간

새로 공개된
축구 국가대표팀 엠블럼.

정치적 이성을 되찾는다"고 비판했다. 어떤 분석에 동의하든 이런 무수한 관심을 불러온 스포츠는 축구뿐이었다.

2016년 운이 좋게도 대한축구협회가 축구를 대하는 방식을 공부할 기회가 있었다. 축구협회와 축구 국가대표팀이라는 상징적 존재에 대한 본질을 탐구하게 됐다. 컨소시엄 파트너십을 맺어 각자 파트에서 프로젝트를 진행했는데, 내가 이끌고 있는 엘레멘트컴퍼니에서 진행한 부분은 대한축구협회와 축구 국가대표팀의 본질을 정의하는 일이었다. 이어 후속 작업을 한 에이전시에서 엠블럼을 새롭게 디자인했고, 2019년 이를 공개했다.

나는 '축알못'이었던 탓에 처음부터 축구를 공부해야 했지만, 오히려 그래서 기존 한국 축구와 축구협회에 어떤 편견도 없었다. 브랜드 관점에서 축구협회를 진단하기 시작했다. 축구에 대한 자료를 수집하면서 알게 된 가장 큰 사실은 축구가 대한민국 스포츠 중 가장 강력한 대표성을 지니고 있으나, 인당 매출액이 야구보다 못하다는 점이었다. 상징력이 시장 견인력으로 이어지지 않는 셈이었다. 야구는 다양한 즐길거리를 통해 급성장하고 있었다. 좋은 남자 친구의 조건 중 하나로 '야구장 데이트'를 기획하는 항목이 있을 정도로 야구에 대한 여성들의 참여와 관심도는 높았다. 이에 비해 축구는 야구에 비해 일상 점유율이 떨어져 있었고, 이런 흐름이 지속된다면 국가대표팀 축구를 제외하고, 한국 축구 산업이 시장의 투자를 이끌어 낼 명분이 점점 더 사라져 갈 게 뻔했다.

브랜드 관점에서 가장 큰 문제는 대부분의 자산이 '축구' 카테고리나 '팀'이 아니라 '선수'를 중심으로 구축되는 것이었다. 보통의 야구팬들은 "김현수가 메이저리그에 가도 우리는 두산

팬이지"라는 팬심이 있었다. 야구팬들은 '선수'보다는 '팀'을 먼저 본다. 하지만 축구팬들은 "박주영 때문에 FC서울을 응원하는데, 박주영이 나가면 전북현대를 응원하려고요. 이동국이 있거든요"라는 식이었다. 국가 대항전이 아닌 국내 축구 경기는 선수가 누구냐에 따라 보기도 하고 안 보기도 하는 게 축구 소비자들의 모습이었다. 프로젝트의 가장 큰 이슈는 '선수'를 중심으로 구축된 관심을 어떻게 '팀'이나 '축구' 그 자체로 옮길 것인지였다.

어쩌면 결론은 뻔했다. 축구 경험 Football eXperience 을 완전히 새롭게 디자인하는 것이었다. 경기 결과에만 집중하고 스타플레이어 중심으로 구축된 축구 경험을 새로운 관점에서 디자인하는 것. 그 외엔 답이 없었다. 이를 위해서는 한국 축구의 DNA 자체를 명확히 규정짓고 독특한 '무엇'으로 포지션하는 일이 필요했다. 하지만 축구에 대한 이해 관계자도, 리그도 다

코리아 리서치, 2016

61.7	국가대표팀에 대한 관심과 지지는 한국 축구 산업 발전에 있어 가장 중요한 요소이다.
59.3	국가대표팀 선호도가 높을수록 프로 축구에 대한 관심이 높아진다.
59.1	국가대표팀 이미지가 좋을수록 대한축구협회 이미지도 좋아진다.

[사례수 = 전체 (n=540), 5점 척도 TOP2 기준, %]

양했다. 이 모든 관계를 어떻게 포괄적으로 이해할 것인가?

전략을 효율화하기 위해 '한국 축구'의 발전과 관심, 이미지 제고 등에 가장 큰 영향을 미치는 요소를 추려서 선택과 집중을 해야 했다. 소비자들은 한국 축구 산업 발전에 있어 가장 중요한 요소를 '국가대표팀'이라 생각했고, 국가대표팀 선호도나 이미지를 좋게 한다면 프로 축구에 대한 관심이 높아지고 축구협회 이미지도 좋아질 것이라 생각했다. 한국 축구의 발전을 위해서 필요한 사안이 상당히 많았으나, 브랜드 관점에서는 먼저 국가대표팀에 집중할 필요가 있었다.

국가대표팀은 소비자 일상에 단단히 뿌리내린 '우리' 국가 대표팀이 돼야 했다. '선수' 레벨을 넘어 국가대표팀만의 고유한 브랜드 아이덴티티가 필요했다. 국가대표팀이라는 브랜드의 현 주소를 파악하기 위해 브랜드 자산을 평가했다. 결과가 놀라웠다. 한국 국가대표팀은 해외 국가대표팀과 비교했을 때, '품질 인식'이나 '연상 이미지' 자산 구조가 빈약한 상황이었다.[7] 품질 인식은 조사 시점까지의 경기력 및 성적의 영향을 받는 영역이라 독일, 잉글랜드에 비해 낮게 집계되는 것은 충분히 이해가 됐지만, 일본 국가대표팀에 비해서도 낮은 자산 비율을 보이는 것은 매우 심각한 상황이었다. 또한 애국심 때문에 통상 자국의 브랜드가 높게 평가되는 경향이 있음에도, 한국 대표팀

---

[7] '품질 인식'은 경기력을 중심으로 평가했으며, 경기력의 우수성, 신뢰, 만족도 등을 두루 평가했다. '연상 이미지'는 이미지 연상 용이성, 독특성, 이미지 강도, 선호도 등을 평가했다.

은 일본 대표팀 브랜드의 품질 인식이나 연상 이미지 자산 구조보다도 매우 빈약한 평가를 받았다.

특정 브랜드를 생각할 때 떠오르는 연상 이미지가 별로 없거나, 독특한 연상 이미지가 없을 경우, 그리고 선호할 만한 이미지가 없는 경우엔 대부분 구매 가능성이 낮다. 연상 이미지 항목에서 취약한 평가를 받았다는 건 국가대표팀 경기 관람 가능성이 낮아지고 있음을 암시했다. 또한 국가대표팀은 점점 나와 무관한 브랜드가 돼 가고 있었다. 딱히 모르지는 않지만, 따져 보면 의외로 아는 게 별로 없는 그런 브랜드. 왜 그런 걸까? 아니면 원래 그랬던 걸까? 보다 세심한 조사가 필요했다.

브랜드의 체력과 체격 조건을 평가하면서 우리는 국가대표팀이 '재미', '역동성', '열정', '현대성' 등의 브랜드 이미지 활력이 매우 낮은 상황임을 알 수 있었다. 새로운 자극과 연상 요인이 투입되어 기존 이미지에서 벗어나 소비자의 삶에 가까이 다가서는 전략이 필요했고, 이에 따라 국가대표팀의 새로운 브랜드 아이덴티티를 정립할 필요가 있었다. 이를 위해 보다 본질적인 관점에서 한국 축구 산업의 방향성을 검토했다.

'90분의 축구'에서 '24시간 생활 축구'로

한국 축구 산업의 주요 정책을 이끌고 있는 대한축구협회. 축구협회는 '축구, 그 이상을 위하여'라는 비전하에 '꿈꾸고, 즐기고, 나누며'라는 3대 핵심 가치를 설정하는 등 뚜렷한 목표를 설정했다. '장기적 관점에서의 유소년 인재 양성', '시도협회 지원 확대/지역 밀착형 축구 활성화', '학원 축구 활성화', '생활 체육과의 통합', '디비전 시스템 완성', '심판, 지도자 제도 개선', '축구 저변 확대/유소년 참여 확대' 등 장기적 안목도 돋보였다. 당시 공표된 '비전 해트트릭 2033' 계획도 명확했다.

하지만 외부 전문가들의 시선은 차가웠다.

"고객에게 보다 친근하게 다가서는 협회가 돼야 한다."
"중계권, 스폰서십, 티켓 판매에만 국한… 더 큰 마케팅 상상력
이 필요…"
"국가대표팀 경기만 믿는 너무 안일한 사고방식"
"월드컵 마케팅 시 스폰서들의 중재자 역할을 적극적으로 할
필요"

전문가들은 대표팀, 경기력, 기존 수익 모델에만 국한된 '지
금의 축구' 그 이상을 요구하고 있었다. '지금의 축구'란 무엇일
까? 우리는 수많은 인터뷰와 그간 축구 경기에 대한 전문적 코
멘트들을 종합했다.

"현대 축구의 기본은 공간과 압박"

"공간을 지배하는 팀이 게임을 지배한다"

"경기장이라는 공간에만 국한된 축구"

"후방 빌드업을 중시하며, 상대 진영에서 공간을 지배하는 축구"

'지금의 축구'란 '기존의 수익 모델과 경기장이라는 공간에 국한된 축구'였다. 우리는 이를 '공간空間 축구'라고 정의했다. '공간 축구'의 패러다임에서는 "선수들 정신무장만 다시 하면 이길 수 있다"거나 "시합에서 이기기만 하면 산업이 발전한다"는 믿음, "경기력에 방해되면 안 되니까, 국가대표 선수들 팬 서비스는 가급적 하지 말라고 해야 한다"는 생각이 지배적이었다.

하지만 전문가들의 이야기를 종합해 보면, 한국 축구의 미래를 위해서는 경기 중심 축구가 아니라 '축구 라이프스타일'을 중시하는 태도가 필요했다. '관람/시청률'도 중요하나 '축구 문화 소비율'을 더 중시해야 하며, 경기장 안에 국한된 '90분의 축구'는 '24시간 생활 축구'로 거듭나야 했다.

축구의 시대정신

해외의 축구대표팀은 저마다 공동체와 어떠한 공감대를 형성해 왔을까? 잉글랜드, 이탈리아, 브라질, 독일, 프랑스, 일본을 살펴봤다. 몇 개 사례만 잠시 살펴보자. 먼저 이탈리아. 과거 이탈리아 축구에 대한 전문가들의 이야기를 하나로 모으면, "비겁해도 이기면 된다"는 말로 요약할 수 있을 듯하다. 축구 전문 매체 〈골닷컴〉은 2009년 이탈리아 축구에 대해 "유니폼을 끌어당기거나 할리우드 액션을 취하거나 비신사적인 반칙, 심판을 조롱하는 행위 들은 경기의 중요한 부분"이라고 할 정도였다. 무솔리니는 "우승하지 못하면 모두 사형"이라고 엄포를 낳았다. 마키아벨리는《군주론》에서 냉엄하고 냉혹한 정치론을 펼쳤으며, 베네치아 상인들은 오직 '이윤'을 추구했다. 우리의 이익이 나의 이익이므로, '우리 편은 옳다'는 것이 이탈리아적 사고방식이라는 분석이 많았다. 이탈리아 축구가 공동체와 공감대를 형성해 온 가치는 '승리'였다.

브라질 축구는 어떠한가? '징가Ginga는 브라질 축구의 본질'이라는 말이 있다. 징가는 브라질 특유의 전통 예술인 카포에라Capoeira의 스텝을 말한다. 또한 '난관에 맞서는 적절한 몸짓'을 의미하기도 하며, 축구 선수의 화려한 발재간도 징가라 부른다. 징가를 이해하려면 브라질 사람들이 노예로 지내던 역사를 알아야 한다. 양손이 묶여 있던 노예들의 유일한 저항과 탈출 방식은 묶이지 않은 두 발로 상대를 공격하는 것뿐이었다. 발 기술을 단련하여 공격력을 강화하려는 태도는 약자의 양손을 포박한 강자를 이기기 위한 약자의 전략이었다. 징가는 압

제에서 탈출하려는 피지배층의 애환을 해소하는 카타르시스적 행위다. 브라질 축구는 상대를 골탕 먹이는 화려한 발재간이 기대되는 축구다. 징가의 축구인 것이다. 징가는 득점과 상관없이 관중을 열광케 한다. 브라질 축구는 이탈리아와 달리 '승리를 위한 경기'가 아니라 '저항을 위한 놀이'인 셈이다.

각 나라가 축구를 대하는 방식과 역사를 살핀 결과 일본 축구는 '힘의 확장'을, 프랑스 축구는 '공정한 가치'를, 잉글랜드 축구는 '정복'을 추구하고 있다는 것을 알 수 있었다. 각국의 축구는 저마다 국민들이 서 있는 지점에서, 그들의 역사가 요청하는 시대정신ZeitGeist을 축구에 반영하고 있었다.

한국 축구, '투혼'을 넘어서야

한국 축구 역시 크게 다르지 않았다. 전문가들은 한국 축구가 가진 의미를 설명했다. "축구만이 일본을 이길 수 있던 종목", "2002년 월드컵 4강 진입 후, 우리도 TOP이 될 수 있다는 희망", "공 하나로 가난에서 벗어나 잘살 수 있다는 염원", "사람들이 길거리로 나오는 건 축구밖에 없음" 등등.

한국 사회에서 축구는 "단순한 스포츠를 뛰어넘는 의미"를 지니고 있으며, "가장 간단한 룰을 가지고 가장 공정하게 경쟁하는 놀이 문화"였다. 또한 축구는 "공 하나로 다 같이 어울릴 수 있는 매개자"였다. 축구는 지금까지 우리 시대를 살아가는 사람들의 감정과 희망을 대변해 온 민족 스포츠였던 것이다. 사람들은 축구라는 드라마를 통해 함께 웃고 울면서 공감대를 형성해 왔다. 많은 전문가들 역시 축구는 공동체에 시대적 메시지를 전달하는 상징적 매개자 역할을 수행해야 한다고 입을 모았다.

단연 축구 국가대표팀은 시대적 메시지를 실현해 갈 대표 주자였다. 하지만 당시 국가대표팀에 대한 업계의 인식은 후하지 않았다. 그간 성적이 좋지 않았던 것도 있었지만, 2002년의 경험이 너무 강렬한 탓이기도 했다. 2002년의 월드컵은 자부심을 가질 만한 일이었지만, 이후 국가대표팀 선수들에게는 넘어서야 하는 부담스러운 역사였을지 모를 일이다. 팀의 부진에 대한 축구협회 내부의 인식은 이러했다.

"부진한 성적은 애국심의 결여 탓"
"선수들의 개인주의로 원 팀 스피릿이 상실되고 있다."
"열정이 부족하다."
"선수들 정신 무장만 다시 하면 이길 수 있다."

그들의 결론은 '투혼 부족'이었다. 한국 축구를 말할 때면 언제나 빠지지 않는 단어, 투혼闘魂. 당시 국가대표팀의 문제를

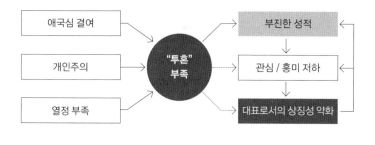

축구 국가대표팀의 문제점에 대한 인식 요약.

'투혼 부족'이 초래한 국가대표팀 상징성의 약화로 진단한 것이다. 의문이 생겼다. '투혼'은 여전히 공동체에 필요한 시대적 메시지인가? 투혼은 공동체가 공감할 수 있는 시대정신인가?

'투혼'은 '극한까지 몰아붙이는 공격 l'offensive à outrance'을 말한다. '극한으로의 공격'은 제1차 세계대전 당시 '승리는 곧 의지'라는 프랑스 전술이자, 엘랑 비탈 학파에서 자주 쓰던 개념이다. 이 개념은 제2차 세계대전 당시 일본의 '반자이 어택 万歲突擊, banzai attack'의 모습과 유사하다. '반자이', 즉 '만세'를 외치면서 총검이나 군도를 들고 적에게 돌격하는 전술이다.

반자이 어택 하면 뤼순 공방전의 첫 지휘관 노기 마레스케乃木希典를 빼놓을 수 없다. 노기 마레스케는 '전쟁은 정신력과 기합의 싸움'이라는 사무라이 정신에 심취한 인물이었다. 러일 전쟁 초반 뤼순旅順 공방전. 뤼순 요새는 5만여 명의 러시아군이 주둔해 있던 요새였다. 각종 대포와 기관총으로 방비가 탄탄해서 단순한 육탄 돌격전으로는 결코 뚫을 수 없는 곳이었다. 그럼에도 노기 마레스케는 '반자이' 정신에 따라 10만 대군을 이끌고 무작정 정면 공격을 실시했고, 결국 6만여 명의 사상자를 발생시켰다. 러일전쟁 당시 일본군 전체 사상자가 10만 명가량이었으니, 뤼순 공방전이 얼마나 참혹한 실패를 낳은 전투였는지 알 수 있다. 반자이 어택은 "정신력에서 일본을 따라올 민족은 없다"며 "정신 승리야말로 전쟁을 이기기 위한 가장 좋은 방법"이라고 한다.

'공간 축구'에서 '공감 축구'로

한국 축구는 어떠한가? "한국 축구대표팀의 정신력이나 투지는 최강"이라고 인식하며 "국가대표팀의 존재 이유는 적들을 부수고 이기는 것. 그 본질은 투혼"이라는 철학을 보이고 있다.

정신 무장으로 돌격하면 승리할 수 있다는 일본군의 믿음인 '투혼=닥공^{닥치고 공격}=승리'라는 신념과 유사하다.

하지만 많은 축구 전문가들은 "투혼은 중요한 요소이나 그것만으로 안 된다"며, "피를 철철 흘리는 투혼의 이미지를 넘어서야" 한다고 강조한다. 또한 "전략이 세밀화되지 않을수록 '투혼'을 강조하는 경향"이 있다고 지적했다. 결과적으로 투혼은 여전히 '공간 축구' 차원의 이야기다.

우리에게는 그 이상의 가치, 경기 그 이상의 이야기가 필요하다. 선수들이 경기에 임하는 집단 투혼만으로 만들 수 있는 이야기는 한계가 있다. 90분 경기에 국한된 '공간 축구'적 사고는 '24시간 축구 라이프스타일'로 확장돼야 한다. 경기장 '안'의 커뮤니케이션, 경기'만' 보는 축구는 경기장 '안팎'의 커뮤니케이션, 경기'도' 보는 스포테인먼트sportainment로 거듭나야 한다. '공간 축구'를 넘어 '공감共感 축구'로의 전환. 다양한 축구 이해관계자들의 일상과 결합된 '공감 축구'는, '경기력' 그 자체뿐 아니라, 선수 선발 과정, 선수, 경기력 등에 대한 풍부한 스토리텔링이 있는 축구, 경기장 밖을 넘어선 MD, 이벤트 등 다양한 마케팅 상상력을 허락하는 축구, 선수-팬 간 정서적 유대감, 공감대를 확보할 수 있는 축구, 나아가 축구협회-이해관계자 간 소통을 보다 강화하여 공감대를 마련해 가는 축구다.

한국 축구가 '공감 축구'로 거듭나기 위해 대한축구협회는 '통합의 가치', '혁신과 오픈 마인드', 보다 '친근한 즐거움'을 선사할 새로운 축구 문화를 만들어 가게 될 거라 믿는다. 축구협회가 이처럼 앞으로 나아갈 때Moving Forward, 우리 축구는 내 삶에 보다 필요한 스포츠가 될 것이고, 국가대표팀 역시 단지 특정 경기를 위해 뛰는 팀이 아니라, 스포츠를 넘어 "국민들에게 모종의 희망을 줄 수 있는 어떤 상징"이자 하나의 문화 아이콘이 될 것으로 기대해 본다. '공간 축구'와 '투혼'을 넘어 축구 국가대표팀은 동시대를 함께 살며 어려움을 극복해 나가는 '전진Forward'의 상징이 될 것이다. 그렇게 이 시대를 함께 나아가는Forward '시대의 동료'가 되어 나와 거리가 먼 국가의 대표가 아니라, 내 삶과 밀접히 닿아 있는 진정한 '국민대표팀'으로 거듭나게 될 것이다.

이동에서 생활로:
모빌리티 인문학

자동차는 단순한 이동 수단을 넘어 생활 서비스 영역으로 진입하고 있다. 시대가 변화하면서 자동차의 의미로 달라진 상황을 자세히 이해하기 위해 어느 자동차 회사와의 공동 작업을 소개하려 한다.

프로젝트 요청 과제 : '미래 공동체를 위해 어떠한 자동차를 만들어야 하는가?'

기본적인 3C 분석[8]을 포함해, 기업 브랜드 가치 진단 및 재해석, 미래 산업 환경에 대한 인문학자, 미래학자들의 관점 등을 사전 스터디했다. 하지만 각 분야의 여러 관점과 이야기들

---

8 자사 Company, 경쟁사 Competition, 소비자 Consumer를 분석하여 시장 상황을 파악하는 기법.

은 의미의 층위가 매우 다양하고 상이해서 어느 하나의 관점으로 정리되지 않았다. 그래서 기존에 자동차 회사가 차를 판매하는 방식을 포함한 고객 경험 여정Customer eXperience Journey부터 다시 점검했다. 이로부터 기존 자동차 산업이 '소유' 위주의 세일즈 방식과 광고, 마케팅에 둘러싸여 있다는 결론을 내렸다. 자동차 구매의 제일 심각한 문제는 사는 순간부터 중고가 된다는 것이었다. 내 경험상 중고인데도 값이 오르는 건 '부동산'과 리세일 마켓에서 종종 나오는 '슈프림 Supreme' 같은 브랜드의 레어템 희귀 상품 뿐이었다. 게다가 자동차가 어디 한두 푼인가?

자동차의 시간 점유율

흠집이라도 나면 억울한 마음이 들 정도로 관여도가 높은 상품인 자동차를 구매했는데, 고객은 차를 산 이후에 기업에게 받는 서비스가 거의 없다.

소유권이 아니라 접근권이고, 보유가 아니라 사용이 공유 경제의 관점이라면, 자동차를 사용하는 경험은 어떠한지, 자동차 경험에 접근하는 양태들은 어떠한지 살펴볼 필요가 있다. 가장 객관적으로 집계된 결과부터 살폈다. 내가 궁금했던 건 사람들이 자동차를 이용하는 시간이 얼마나 되는지, 주로 자동차를 무슨 목적으로 이용하는지였다. 다시 말해, 자동차가 일상생활에서 차지하는 시간 점유율Time Share이 어떻게 되는지 조사해 본 것이다. 시간 점유율은 제품의 실제 사용 시간을 파악함으로써 일상생활에 미치는 상품의 영향력, 브랜드의 영향력을 짐작해 보는 중요한 지표다.

통계청은 5년 주기로 전국 약 2만 7,000명 가량을 대상으로 조사한, 〈생활 시간 조사표〉라는 것을 발표한다. 이 프로젝트에

행동 분류	요일 평균			평일		
		남자	여자		남자	여자
8. 이동	1:39	1:49	1:30	1:41	1:52	1:30
81 개인 유지 관련 이동	0:12	0:12	0:12	0:11	0:11	0:11
82 출·퇴근 및 기타 일 관련 이동	0:40	0:54	0:27	0:48	1:04	0:33
821 출·퇴근	0:31	0:39	0:22	0:37	0:47	0:27
822 기타 일 관련 이동	0:10	0:15	0:05	0:12	0:18	0:06
83 학습 관련 이동	0:10	0:11	0:10	0:13	0:13	0:12
84 가정 관리 관련 이동	0:08	0:04	0:11	0:07	0:03	0:10
85 가족 및 가구원 돌보기 관련 이동	0:04	0:02	0:05	0:04	0:02	0:06
86 참여 및 봉사 활동 관련 이동	0:01	0:01	0:01	0:01	0:01	0:01
87 교제 및 여가 활동 관련 이동	0:24	0:25	0:24	0:17	0:17	0:18
89 기타 이동 관련 활동	0:01	0:00	0:01	0:01	0:00	0:01
9. 기타	0:18	0:17	0:19	0:18	0:17	0:19

출처: 〈2014 생활 시간 조사표〉, 통계청

토요일			일요일		
	남자	여자		남자	여자
1:41	1:48	1:34	1:28	1:34	1:23
0:15	0:14	0:15	0:14	0:14	0:13
0:26	0:36	0:17	0:14	0:19	0:10
0:20	0:26	0:13	0:10	0:13	0:08
0:06	0:09	0:03	0:04	0:06	0:03
0:05	0:04	0:05	0:03	0:03	0:03
0:11	0:07	0:14	0:10	0:08	0:13
0:03	0:03	0:04	0:03	0:03	0:03
0:01	0:00	0:01	0:01	0:01	0:01
0:40	0:43	0:38	0:43	0:46	0:41
0:01	0:00	0:01	0:01	0:00	0:01
0:18	0:17	0:19	0:19	0:18	0:20

이동 관련 시간은
평균 1시간 39분.
시간 비중으로 따지면,
하루의 6.8%를 차지하고 있었다.

서 참고한 자료는 2014년 버전이었다. 〈생활 시간 조사표〉는 생활의 행위 요소들 예를 들어, 공부를 봐주는 시간, 반려동물을 돌보는 시간, 흡연 시간, 정규 근로 시간, 종교 활동 참가 시간 등이 24시간 중 어느 정도 차지하는지 초 단위까지 조사한 자료다. 여러 행위 가운데 '이동'과 관련된 시간을 집계했다. '이동과 관련된 시간'은 이를테면, 개인 유지 관련 이동 시간, 출퇴근, 그리고 기타 일 관련 이동 시간 등으로 구성됐고, 대한민국 평균 1시간 39분을 차지했다. 남녀평균차가 거의 없었고, 평일과 주말의 차이 또한 거의 없었다. 이동 시간 가운데 자동차를 직접 운전하는 시간은 더 적을 수도 있다. 보다 상세한 데이터를 확보할 수 없어, 다른 변수가 포함돼 있더라도 '1시간 39분'을 자동차 운전을 통해 이동하는 시간으로 가정했다.

'1시간 39분'은 많다면 많고, 적다면 적은 시간이다. 다른 활동 시간과 비교해 보자. 우리가 영화 한 편을 보더라도 거의 1

시간 30분~2시간을 소비한다. 밥을 먹더라도 넉넉잡아 1시간이면 커피까지 마실 수 있다. 하지만 운전자들은 그저 '단순 이동'만을 위해 1시간 39분을 허비하고 있었다.

자동차는 중고로 파는 순간까지도 할부 프로그램을 돌리는 운전자가 적지 않다. 사자마자 중고로 변하는데, 여전히 경제적 부담을 주는 아이템이 바로 자동차다. 그런데도 24시간 중 1시간 39분밖에 안 쓰는 상품이다(6.8% 정도의 시간 점유율). 차를 사용하지 않고 가만히 주차 상태로 놔두는 시간은 하루의 93.2% 정도를 차지한다는 이야기다. 그 시간에도 차값은 떨어지고 있다. 차를 산 사람으로서는 뭔가 억울한 상황이다.

좀 더 부연하자면, 수면, 식사 및 간식, 기타 개인 유지 등 '필수 생활 시간'은 11시간 14분을, '여가 시간'은 교제/미디어, 종교/문화/스포츠, 기타 여가 활동 등 4시간 49분을 차지했다. 일/가사 노동/학습 등 '의무 생활 시간'으로 6시간 18분 가량을

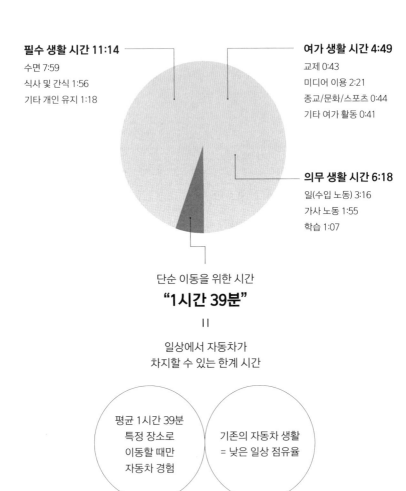

필수 생활 시간 11:14

수면 7:59
식사 및 간식 1:56
기타 개인 유지 1:18

여가 생활 시간 4:49

교제 0:43
미디어 이용 2:21
종교/문화/스포츠 0:44
기타 여가 활동 0:41

의무 생활 시간 6:18

일(수입 노동) 3:16
가사 노동 1:55
학습 1:07

단순 이동을 위한 시간

"1시간 39분"

Ⅱ

일상에서 자동차가
차지할 수 있는 한계 시간

평균 1시간 39분
특정 장소로
이동할 때만
자동차 경험

기존의 자동차 생활
= 낮은 일상 점유율

자동차가 일상에서 차지하는 시간 점유율은 그 가격대에 비해 상당히 낮은 편이다.
비싼 집을 어렵게 장만했는데 집에 오면 잠만 자는 상황과 비슷하지 않은가?

사용했다. 그 가운데 단지 이동을 위해서 사용하는 시간은 1시간 39분이라는 의미다. 산업 구조가 크게 바뀌지 않고, 라이프 스타일도 갑자기 변화하지 않는다면, 자동차가 일상에서 활용될 수 있는 한계 시간이 1시간 39분이라는 의미였다. 그리고 자동차 이용 경험이 주말을 제외하곤 대부분 출퇴근 등의 이동일 텐데, 한국의 꽉 막힌 교통 상황을 고려하면, 그다지 유쾌한 경험이 아닐 것이다. 자동차 광고에나 나오는 탁 트인 도로 위의 질주는 생각처럼 많지 않을 것이다. 자동차가 몇 마력이건, 엔진의 성능이 어떠하건 간에 평일에 시속 100킬로미터 이상으로 달리려면 차가 안 막히는 새벽에 출근해야 할 것이다. 일상에서 '운전이 즐겁다Sheer Driving Pleasure'는 어느 자동차 브랜드의 약속을 정말 온전하게 경험하기는 쉽지 않다.

탈수록 좋아지는 차

자동차가 일상에서 차지하는 시간 점유율과 더불어 염두에 두어야 할 것은 '자율주행' 담론이다. 2016년 당시 많은 미래학자들은 2025년이 되면 자율주행이 상용화될 것이라고 했다. 자동차 기술의 완성만으로 가능한 일이 아니기 때문에 과연 2025년에 자율주행이 상용화될지는 모를 일이다. 법적인 장치도 마련돼야 하고, 자율주행차가 사고를 냈을 때 사고 책임이 과연 운전자에게 있는지, 인공지능을 설계한 자동차 회사에 있는지, 그 회사의 엔지니어에게 있는지와 같은 보험 책임 주체 설정의 문제도 해결해야 할 과제다. 또한 운전자를 보호하도록 설계된 자동차들이 자율주행시 급작스런 낙석으로부터 운전자를 보호하기 위해 어린아이를 치고 가야 하는 상황이 발생한다면, 과연 운전자를 보호하는 게 맞는지도 인문학적 토론의 대상이다. 다른 차와의 충돌 방지 및 속도 등 흐름을 맞추기 위한 상호 통신, 차-사람, 차-도로 등 사이의 상호 연결성도 해결 과제다. 어찌됐건 모든 법적, 기술적, 인문학적 환경 정비가 된다는 가정하에 자율주행은 피할 수 없는 미래상이라고 보인다.

자율주행이 상용화된다고 해 보자. 지금도 반半자율주행으로 설정하고 고속도로를 달리면, 차에서 할 수 있는 일이 많아진다. 문자를 손으로 쓸 수도 있고, 영화를 켜놓고 달릴 수도 있다. 중간중간 핸들을 잡아줘야 하지만 말이다.

자율주행이 완벽히 가능한 미래가 온다면 어떨까? 자율주행 시스템이 도래하면 운전자는 구태여 운전을 하기 위해서 앞을 볼 필요가 없다. 운전석은 뒤를 향할 수 있도록 회전이 가능해질 것이다. 앞좌석이 뒤로 회전되면 4인이 마주보고 대화를 나눌 수 있는 공간이 마련된다. 이제 자동차는 단순히 운전을 하는 이동 수단이 아니다. 자동차 그 자체의 완성도만을 위한, 제품으로서의 자동차 Das Auto[9] 시대는 이제 끝나간다고 봐야 한다. 자동차는 4인 회의실이 되고, 함께 식사를 즐기는 레스토랑이 되며, 독서를 할 수 있는 도서관이 된다.

자동차가 알아서 운전하므로 굳이 유리창 밖을 볼 필요가 없다. 자동차 유리는 영화를 보거나 프레젠테이션을 함께 볼 수 있는 스크린처럼 활용될 수 있다. 창에 화면을 투사하는 지금의 HUD Head-up display 수준이 아니라, 유리이면서 터치스크린이 가능한 디지털 스크린이 만들어질 것이다. 이미 기술이 있는지도 모른다. 결국 자동차의 의미는 '운전'에서 벗어나, 다양한 삶과 비즈니스가 펼쳐지는 '라이프 플랫폼 Life Platform'으로 진화할 것이다.

과거 BMW사의 '궁극의 운전 기계 The Ultimate Driving Machine'

---

9   과거 폭스바겐의 브랜드 슬로건.

로 대표되는 주행감 위주의 담론은 서서히 막을 내릴 것이다. 운전 성능에 특화된 차량은 먼 미래에는 독특한 컨셉의 럭셔리 카에서나 볼 수 있지 않을까? 미래의 자동차는 생활의 모든 카 테고리가 접목될 수 있는 플랫폼이 될 것이고, 이에 따라 온갖 마케팅의 각축장이자 가장 비싼 광고 매체가 될지도 모른다. 광고인들이 자동차 매체 광고 영업을 위해 전략 기획을 할 날이 머지 않았다.

미래의 자동차는 24시간 라이프스타일을 모두 넣을 수 있는, 그러면서도 개인의 라이프스타일에 따라 다양한 애플리케이션을 다운로드할 수 있는 '바퀴 달린 아이폰'에 비유할 수 있다. 과거의 자동차는 사는 순간 중고가 되지만, 미래의 자동차는 끊임없이 업데이트되고 이용자 맞춤화를 통해 '탈수록 좋아지는 차'가 될 것이다. 이에 따라 자동차 회사들은 차량 성능을 향상시키려는 공학적 역량뿐 아니라, 개인의 취향과 라이프스타일을 파악하고 최적의 솔루션을 제공하려는 인문학적 역량까지 요구받게 될 것이다.

넷,
의미의 확장

더 많은 판독 가능성

— 장 마리 플로슈[●]

[●]   장마리 플로슈 지음, 김성도 옮김, 《기호학, 마케팅, 커뮤니케이션》, 나남출판,
       2003, p.38.

이것이 답이라고 느껴지는 순간을
경계해야 한다.
의미는 언제나 미끄러진다.

사람들이
스타벅스에 가는 이유

미국의 소셜 뉴스 사이트 '레딧Reddit'에 질문이 올라왔다.[1]

"사람들은 스타벅스에 왜 가?"

여러분이라면 어떻게 답변할 것인가? 한동안 경영학은 물론이고, 브랜드, 마케팅, 디자인에 종사하는 사람들이 스타벅스에 가는 이유, 혹은 성공 이유를 분석할 때, '보헤미안 라이프스타일', '제3의 장소', '뉴요커' 등의 문화적 코드를 내세웠다. 거의 모두가 이런 답을 내놓았다. 틀린 답은 아니지만, 포괄적인 답도 아니다. 우리는 특정 현상을 분석할 때 이것만이 정답이라는 식의 제한적인 관점을 극복해야 한다.

사람들은 어떻게 답변했을까? 여러 답변들이 달렸는데, 이유

---

1   'Why do people go to starbucks', 〈Reddit〉.

는 천차만별이었다. 하지만 몇 가지 패턴이 있었다. 공통적 속성을 지닌 것들끼리 분류해 보면 다음과 같다.

1) 즐거움, 기분 전환, 취향의 차원

- "나는 스타벅스에 앉아 있는 걸 좋아해. 차분하고 평화롭거든." _Anonymouspserson2001
- "스타벅스 바리스타로 잠시 일했었는데… 사람들은 '작은 사치'로 보는 것 같아."_leeyuhful
- "난 캐러멜 프라푸치노라면 사족을 못 써."_Cynrae

2) 꿈, 이상적 차원

- "스타벅스 컵을 봐 봐. 그건 사회 경제적 신분의 상징이야. 애플 제품처럼. '날 봐! 난 돈이 많아. 비싸고 안 좋은 제품에 돈을 쓸 수도 있어!'라고 외치는 것 같아."_Dabidhogan
- "스타벅스는 브랜드잖아. 커피는 커피 기준으로 보면 별로 좋지 않아. 기본적으로 탄burnt 커피거든. 사람들은 거의 브랜드 때문에 가는 거야."_AlfaKenneyOne

3) 신념, 탁월함, 전문가적 관점

- "난 캐나다 출신인데, 스타벅스는 직원을 대상으로 매우 훌륭한 혜택 프로그램을 운영하고 있다고 알려져 있어… 다른 곳들은 직원을 쓰레기처럼 다뤄. 내가 스타벅스에 가는 이유야."_krissykat11
- "커피숍에서 5년 정도 일했어… 스타벅스는 내가 즐길 만한 커피를 꾸준히 만들어. 유일한 장소지. 다른 커피숍은 스팀 우유를 적절하게 만드는 훈련을 잘 시키지 않아."_Obstacle Illusion

4) 접근성, 편의성 등 실용적 이유

- "편리하잖아. 매장도 많고. 모바일 주문 앱도 있잖아."_dabossdoe
- "스타벅스 앱 때문에 정기적으로 가게 됐어."_thiswilldo5
- "학교 선생인데… 학교에서 몇 블록 안 떨어져 있어."_hippiedippie719
- "위치. 그리고 편리함."_llama llama llama257

모든 이유에 공감하는 사람도 있을 테고, 저마다 공감하는 포인트가 다를 수도 있다. 어떤 이는 스타벅스 커피가 맛있다고 믿으며 방문한다. 또 집에 넓은 거실이 없는 이는 탁 트인 공간에서 친구들과 수다를 떨기 위해서 방문한다. 누군가는 단지 집이나 회사 근처에 스타벅스밖에 없어서 갈지도 모른다. 커피는 보다 저렴한 걸 사 먹고, 스타벅스 텀블러를 구매하러 가는 사람도 있다. 애플 맥북을 들고 업무를 보러 가는 사람도 있다. 사회 문제에 관심이 많은 사람은 스타벅스의 직원 처우나 공정무역과 같은 활동 때문에 가기도 한다. 또 누군가는 뉴요커의 라이프스타일에 대한 동경으로 자기 이미지를 구축하려고 스타벅스를 찾는다. 저마다의 생각, 저마다의 명분, 저마다의 구매 행태들이 있는 것이다.

소비자의 생각과 니즈는 천차만별이다. 그들은 각자의 세계 속에 살고 있으며, 세계관과 가치관의 차이에 따라 동일한 브랜드를 서로 다른 의미로 해석한다. 스타벅스와 같은 브랜드 하나만 보더라도 다양한 의미로 해석하고 있음을 알 수 있다. 기존의 브랜드를 진화시켜야 한다면, 먼저 자기 브랜드를 얼마나 다양한 시선으로 바라보고 있는지 파악해야 한다. 소비자는 기업이 생각하는 것과 매우 다르게 브랜드를 바라보기도 한다. 그런 경우는 비일비재하다. 창업가는 새로운 브랜드를 론칭할 때도 자신과는 전혀 다른 방향으로 생각하는 소비자들이 태반이라는 것을 명심해야 한다. 창업가, 브랜드 관리자, 마케터, 전략 기획자 등 브랜드와 관련된 기획을 하는 사람들은 소비자의 니즈를 알아내기 위해 관찰, 인터뷰, 표적 집단 토론Focus Group Discussion, 정량 조사, 심지어 지멧ZMET 같은 방식의 다양한 조사를 실시한다. 어떻게 조사를 하든, 그들은 먼저 목표 소비자가 어떤 사람들인지 파악하려 한다.

스타벅스를 가는 이유가 오른쪽과 같이 범주화된 건 결코 우연이 아니다. 이 네 가지 가치는 사람이 살아가면서 추구하는 인생의 가치와 관련이 있기 때문이다.

||

| 기분 전환의 차원 | 꿈, 이상의 차원 | 신념, 전문가의 차원 | 실용성의 차원 |

Starbucks	Starbucks	Starbucks	Starbucks
평화 작은 사치	성공한 사람 돈 많은 사람	훌륭한 직원 프로그램 고퀄 스팀 우유	가까운 카페

소비 가치에 따라 다르게 의미화되는 스타벅스.

여러분은 스타벅스에 왜 가시나요?

의미 확장의
기술

의미를 확장하려는 시도는 세계를 보다 풍성히 이해하려는 지적 호기심과 관련이 있다. 호기심 어린 시선은 이전에 분석되지 않은 새로운 가치의 세계를 여는 첫 번째 열쇠다.

세상을 다각적으로 해석하기 위한 첫 번째 기호학적 접근은 '이항대립'을 설정하는 것이다. '남성 vs 여성', '문화 vs 자연', '도시 vs 시골' 같은 식으로 말이다.

젠더의 대표적 코드인 남성성Masculinity과 여성성Feminity을 살펴보자. 남성성과 여성성은 서로 '반대Contrary'되는 관계다.

남성성 ←——————반대——————→ 여성성

세상의 관계를 이렇게 이분법적으로만 인식하면, 다양한 가치를 수용하지 못하고 편협한 세계 속에 머물 가능성이 높다. 풍성한 의미 획득과 정밀한 세계 이해를 위해 각 항term, 여기서

는 남성성, 여성성이라는 항의 모순Contradictory 관계를 생각해 보자.

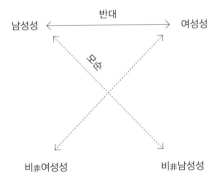

모순 논리의 결합으로 우리는 남성성과 여성성이라는 가치 외에도 비非여성성과 비非남성성이라는 추가 가치를 얻었다. 여성성이 아닌 것, 즉 '비여성성'은 '남성성'을 부분 집합으로 공유한다. 마찬가지로 '비남성성'은 '여성성'을 함의 Implication

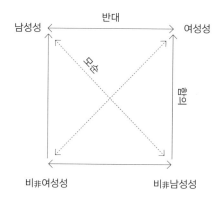

한다.

이렇게 '반대', '모순', '함의'라는 논리적 사고를 통해 우리는 위와 같은 기호사각형을 얻을 수 있다. 최초의 이항대립(남성성 vs. 여성성)에서 우리는 네 가지 가치 항을 얻었다. 이후 네 가지 항들은 서로 결합Conjunction, 연접되어 새로운 의미로 드러나기도 하며, 각자가 독립적으로 떨어져Disjunction, 이접 새로운 의미로 고정되기도 한다. 남성성과 여성성이 결합되면

'양성 동체'를 의미하며, 이는 헤르메스와 아프로디테 사이에서 태어나 남성과 여성을 동시에 지닌 존재, '헤르마프로디토스Hermaphroditos'로 구체화될 수 있다. 남성성도 여성성도 없는 존재는 '천사'로 의미화된다. 고전적인 의미에서 신체적으로 여성성이 없으면서 남성성이 드러나면 우리는 '남자'라고 부르며, 반대의 경우 '여자'라고 한다.

기호사각형을 통해 분석을 하면 두 가지 가치 항으로부터 다양한 관계와 존재를 유추해 볼 수 있다. 생물학적 성을 남자, 여자로만 인식하여 편견에 사로잡힌 사람은 남성성과 여성성을 동시에 지닌 '게이'를 이해하지 못한다. 현대 의학으로 가능해진 '트랜스젠더' 또한 그들의 사고체계에 들어가지 못한다. 기호사각형은 이분법과 편견으로 가득한 인식을 의도적으로 확장할 수 있는 좋은 도구다. 논리적 인식으로 존재를 확인하고, 각각이 존재 이유가 있음을 공부하고 나면, 다양한 관계와 존재

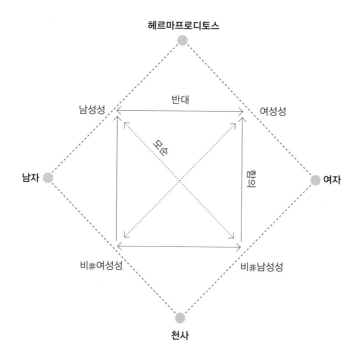

남성성과 여성성의 이항대립을 기반으로 한 기호사각형 예시.

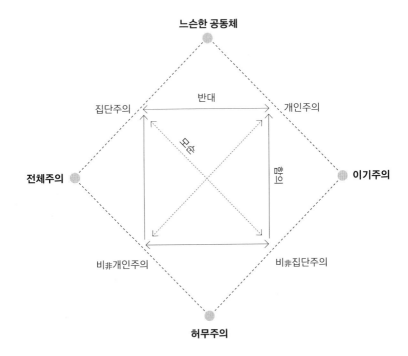

집단주의, 개인주의에서 획득되는 다양한 의미들.

를 자기 세계 안으로 품을 수 있다.

'집단주의'와 '개인주의'는 어떠한가? 최근 MZ (밀레니얼과 제트 세대) 세대에게는, 공동체에 대한 약간의 연대감과 개인의 독립성을 동시에 추구하는 '느슨한 공동체'가 유행이라고 한다. 개인성을 인정하지 않고 집단주의만 강조하는 건 '전체주의'적 사고방식이다. 타자뿐 아니라 집단의 이익을 중시하지 않고 개인의 이익만 추구하는 건 '이기주의'적인 모습이다. '허무주의'적 사고는 집단에 대한 기준, 원칙도, 개인에 대한 관습, 관념도 모두 부정한다. 전체주의나 이기주의적 사고 외에도 집단과 관계에 대한 또 다른 관계가 존재한다는 것을 확인하면 다른 사람들을 이해하는 데 좀 더 도움이 되지 않을까?

이 기호학 모델을 소비가치론에 보다 폭넓게 적용한 이는 프랑스의 천재 기호학자 장 마리 플로슈J-M. Floch다. 그는 1980년 자동차 브랜드 시트로엥의 광고를 분석하다 네 가지 가치 유형

을 발견했다.[2]

자동차를 구매하려는 소비자를 가정해 보자. 그/녀는 네 가지 유형 가운데 어느 하나에 속할 수도 있으며, 모든 가치 영역 사이에서 고민하며 갈등하고 있는지도 모른다.

— '실용적' 가치를 중시하는 소비자라면, 운전 조작 용이성, 승차감 등을 우선시할 것이다. SUV보다 세단을 선택하려는 운전자의 니즈는 이에 해당한다(실용주의자).

— 그가 만일 '이상주의적' 가치를 중시한다면, 자동차 브랜드가 표현하는 인생의 이야기, 아웃도어 라이프스타일, 모험, 사용자의 정체성(도시적인 세련미, 가족애, 전문가 이미지 등)에 반

---

[2] 보다 심도 깊은 이해가 필요하다면, 장 마리 플로슈(2003)를 참고하라. 플로슈의 기호학적 분석은 계량주의적이고 실증주의 일변도였던 마케팅, 광고 분석의 패러다임이 질적 분석으로 바뀌어 가던 1990년대의 분위기를 증폭시키는 데 한몫했다.

플로슈가 도출한 소비 가치 유형론 ────────────

실용적 가치　　　　　　　　**이상주의적 가치**

공리적Utilitarian가치　　　　　　존재적Existential가치

비非존재적 가치　　　　　　　비非공리적 가치

비판적 가치　　　　　　　**유희적 가치**

응할 것이다. 같은 가격대와 비슷한 디자인이라면 이런 스토리가 있는 자동차 브랜드를 선택할 가능성이 높다(이상주의자).

— '비판적' 가치를 추구하는 사람이라면 연비, 기술 혁신, 가격 등의 요소를 꼼꼼히 비교하고 대조할 것이다. 모든 것을 가성비라는 잣대만으로 구매하는 사람이 있다면, 그는 '비판적' 소비 유형에 해당한다(비평가).

— '유희적' 가치는 작은 사치, 세련미, 디자인 등을 중시하는 소비자에게 어울린다. 다소 가격이 비싸더라도 차량의 디자인이 멋지다면 구매를 고려해 볼 수 있는 소비자다(쾌락주의자 혹은 미학자).

소비자의 심리나 가치 지향은 단 하나에 국한되지 않는다. 이 모든 가치 평가가 중첩되어 있는데, 구매 시점에 보다 강하게 작용하는 가치가 있을 수 있고, 오랜 시간 구축돼 온 개인 취

A씨의 자동차 구매 이력

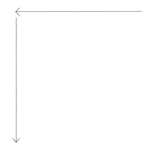

❷ 30대 중반
결혼 후 아내가 원하는
일반 세단으로 차량 변경

실용적 가치
(편리함, 승차감, 안전성)

❶ 30대 초반
결혼 전 아웃도어라이프를
즐겨 SUV를 구매

이상주의적 가치
(정체성, 인생, 모험)

비판적 가치
(품질/연비, 혁신, 비용)

❸ 30대 후반
세컨드카로 연비가 뛰어난
동네 마트용 경차 구매

유희적 가치
(사치, 세련미, 하차감)

향과 철학으로 지향 가치가 변치 않을 수도 있다. 처음에는 '비판적' 가치를 중시하여 연비 좋고 저렴한 차를 샀다가도, 이후 외관 튜닝을 통해 멋진 디자인으로 차량을 개조하는 '유희적' 가치가 발현된다. 어떤 이는 브랜드가 표현하는 운전자의 정체성과 차량의 디자인이 연비보다 중요하여 SUV 차량을 구매했으나, 이후 세컨드 카를 구매할 때는 연비와 실용성을 중시하여 경차를 선택할 수도 있다(A씨의 자동차 구매 이력 참고). 동일한 소비자라 해도 소비의 맥락과 인생의 단계 Life Stage에 따라 원하는 지향 가치가 지속적으로 변경될 수도 있다. B씨의 경우는 개인의 상황, 인생의 단계, 경제 목표 등에 따라 자동차 구매 이력이 변화돼 온 과정을 보여 준다.

기업의 고객이 어떠한 소비 가치 여정을 거쳐 우리 제품을 쓰고 있는지 파악해 보는 건, 향후 그 고객이 어떠한 소비 동선으로 나아갈지 예측하는 데 큰 도움이 된다. 네 가지 가치 유형

B씨의 자동차 구매 이력

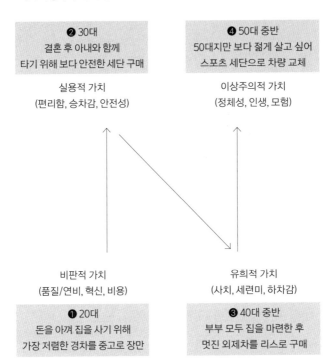

❷ 30대
결혼 후 아내와 함께
타기 위해 보다 안전한 세단 구매

실용적 가치
(편리함, 승차감, 안전성)

❹ 50대 중반
50대지만 보다 젊게 살고 싶어
스포츠 세단으로 차량 교체

이상주의적 가치
(정체성, 인생, 모험)

비판적 가치
(품질/연비, 혁신, 비용)

❶ 20대
돈을 아껴 집을 사기 위해
가장 저렴한 경차를 중고로 장만

유희적 가치
(사치, 세련미, 하차감)

❸ 40대 중반
부부 모두 집을 마련한 후
멋진 외제차를 리스로 구매

독신 생활과 결혼 생활, 자녀 유무, 가치 변화, 경제 수준의 변화 등 인생의 단계마다 필요한 가치가 달라지고 이에 따라 구매 양상은 저마다 다르게 진화한다. 화살표 방향대로 자동차 구매 양상이 달라지는 가상의 두 소비자를 예로 들어 봤다.

은 모든 소비자가 동시에 가지고 있다. 하지만 각각의 가치들은 서로 다른 비중으로 소비자의 마음을 움직인다.

　기호사각형은 사회 현상뿐 아니라, 광고, 마케팅, 브랜드, 시장을 진단할 때 생각을 정리하거나 새로운 인사이트를 추출하는 데 효과적인 도구다. 하지만 훈련된 기호학자나 전략가가 아니라면 쉽게 분석하기 어려운 모델이다. 모델 자체의 복잡성은 이후 셈프리니Andrea Semprini의 노력으로 보다 효율화됐다. 그는 아리스토텔레스의 대립사각형 모양을 버리고, 마케터들에게 익숙한 X-Y 좌표 틀로 모델을 변형하여 해석했다. 각 4분면은 각각 '프로젝트', '임무', '정보', '행복감'으로 정의된다.[3]

3　Andrea Semprini, 《Le Marketing de la marque》, Editions Liaisons, 1992, pp.77~101 참고.

	이상주의적	
임무		**프로젝트**
개척	탈출
문제제기	모험
공상	꿈
새로운 사회	변신
집단적 신화	일탈

비평적 ——————————————————— 유희적

유용한	기분 전환
기술적인	즐거운
경제적인	감성적인
검소한	장식적인
전문적인	깜짝 놀라게 하는
본질적인	주관적인
정보	**행복감**

실용적

소비 가치 유형학

— 1사분면은 '프로젝트Project'의 영역이다. 말 그대로 개인의 실존적 문제를 해결하고자 하는 개인적 프로젝트를 의미한다. 개인이 극복하고 싶은 삶의 문제, 정체성, 기존 상황에서 벗어나려는 개인 차원의 모험과 일탈을 다루는 영역이다. 지프Jeep나, 페라리Ferrari는 새로운 세계로의 모험, 일상으로부터 벗어남, 꿈을 드러내는 브랜드다.

— 2사분면은 '임무Mission'라 불린다. 비평적 가치와 이상주의적 가치가 만나는 면이다. 이 영역의 가치를 지향하는 사람들은 현재를 넘어 혁신과 미래지향적 가치를 추구한다. '프로젝트'의 영역이 보다 개인적 가치에 초점을 둔다면, '임무'의 영역은 보다 공동체적인 사안에 관심을 둔다.

— 3사분면은 실용과 비평의 교차점이다. 가장 쉽게 와닿는 영역이다. 제품력, 기능성 등을 중시하는 영역으로 셈프리니는 '정보'의 영역이라 호명했다. 경기가 좋지 않을수록 '정보'의 영

역은 중시된다. 이른바 '가성비'의 영역이다. EDLP Everyday Low Price를 외치는 대형 할인 마트와 빠르게 소비되는 일반 소비재 FMCG, Fast Moving Consumer Products들이 주로 이 영역에 해당한다. '정보'의 영역은 세상을 바꾸거나 새로운 시도를 하기보다, 제품의 본원적 속성과 가격 대비 효용을 극대화하기 위한 담론에 초점을 둔다.

― 마지막 4사분면. '행복감'의 영역으로서 유희적 가치와 실용적 가치의 교차점이다. 즐거움, 사치, 유머, 감성적 가치, 만족감의 극대화 등을 추구하는 유형이다. 물건 하나를 사더라도 디자인 가치를 더욱 중시하거나, 아무리 가성비가 뛰어나도 심미적 만족감이 없으면 절대 구매하지 않는 사람들이 이러한 가치를 지향한다. 전적으로 이 영역에 속한 소비자들은 심지어 자동차와 같은 고관여 상품을 구매할 때도, 기술력이나 가격에 개의치 않는다. 그들에겐 자신의 심미적 만족감을 충족하는지

가 관건이다.

　이러한 분석은 사람의 복잡한 심리와 욕망을 이해하는 데 도움을 준다. 예를 들어, 겉멋을 부리려고 혹은 지식인 코스프레를 하고자 담배를 배운 사람이 있다고 치자. 담배 연기를 내뿜을 때 멋져 보인다고 생각했는지 또는 생각이 깊어 보인다고 느꼈을지는 알 수 없다. 하지만 담배를 들고 있는 겉모습에 매력을 느낀 사람은 4사분면(만족감, 개인의 감성, 즐거움, 멋)에 해당한다. 그런 사람에게 건강을 해친다거나, 폐암에 걸릴 수 있다는 식의 실용 차원의 이야기를 아무리 많이 해도 좀처럼 담배를 끊으려 하지 않는다. 정말 몸이 아프면 잠시 흡연을 멈출 뿐, 쉽게 끊지 못한다. 니코틴이나 타르에 대한 신체의 중독보다 더욱 심한 것은 정신의 중독 상태가 아닐까? 이미 담배에 심하게 중독됐다면, 생물학적인 방법과 더불어, 흡연 행위에서 느꼈던 '멋'의 요소를 제거시키는 방법이 필요하다. 정신적인 이유로 담배를 배운 사람에겐 정신적인 차원의 금연 필요성을 이야기하는 편이 더 나을지 모른다. 과거에 비해 많이 세련됐지만, 대부분의 금연 광고들은 여전히 지나치게 교육적이고 생물학적이다.

월급이 넉넉하지 않은 사람이 월급 두 달 치에 해당하는 명품 백을 구매했다고 하자. 분명 명품 브랜드를 통해 자신을 돈보이게 하고 싶은 욕망(자아 표현적 편익, "나는 럭셔리한 사람이야" 혹은 "나 이런 비싼 가방 쓰는 사람이야")과 가방 디자인 자체에 대한 미학적 욕망 때문에 구입했을 것이다. 그 사람을 비난하는 눈치 없는 친구. "야, 너 가방 있는데 또 샀어? 월급이 얼마라고 이 비싼 걸 샀어!" 내가 내 돈으로 가방을 샀는데, 이런 충고는 그다지 반갑지 않다. 명품 백을 구매한 사람은 미학적인 이유(세련, 즐거움, 기분 전환)와 일상에서 벗어나 나의 존재감을 추구하는 이상주의적 차원의 이유(변신, 일탈)로 가방을 샀는데, 친구는 실용주의적 차원의 이야기(검소, 유용성, 기능성, 경제성)로 공격하고 있다.

　빼어난 마케터라면, 이때 명품을 구매한 소비자가 상대에게 실용주의적 차원의 이야기로 반격할 수 있는 명분을 마련해 줘야 한다. "응. 이거 하나 사면, 품질이 워낙 좋고 오래 쓸 수 있어서 자주 구멍이 나는 싸구려 가방 10개 사는 것보다 나아. 그렇게 따져 보면 훨씬 싸게 주고 산 거야." 소비자가 상품을 구매했다고 해서 마케팅이 끝난 건 아니다. 브랜더와 마케터는 구매 이후에도 상품 구매를 지속적으로 정당화해 줄 수 있는 다른 차원의 명분을 다각도로 개발해야 한다. 그런 다채로운 구매 명분은 틈을 비집고 들어오는 경쟁사들의 비난과 메시지 공격에 대한 면역력을 높인다.

　습관적으로 구매되며 제품 수준을 넘어서지 못하는 상품을 생각해 보자. 가령 부탄가스는 동네 슈퍼마켓이나 마트의 매대를 점유할 만한 유통 교섭력만 확보할 수 있으면 된다. 브랜드 네임이 '썬연료'건, '문연료'건 상관없이 판매될 것이다. 그래서 마케팅 4P Product, Price, Place, Promotion 의 요소 중 특정 요인의 강화만으로 세일즈를 견인할 수 있어 브랜딩은 불필요하다는 주장에 힘이 실린다.

일견 타당한 진단이다. 그리고 프로모션 차원의 활동을 벌이지 않더라도 저성장 시기에 합리적 소비자는 '가격'과 '상품력'을 꼼꼼히 따져서 구매를 결정할 것이다. 하지만 소비자의 욕망은 늘 복잡하다. 가격도 따지지만, 기왕이면 디자인도 봐야 하는 소비자도 있다. 또한 제품 생산 기업의 오너가 부도덕한 행위를 일삼아 상품 브랜드에 부정적 연상 이미지가 연결되면 구매를 멈추는 소비자도 있다. 만일 그런 시기에 보다 깔끔한 디자인에 CSR 활동까지도 게을리하지 않는 부탄가스 브랜드가 나왔다면, 구매가 그쪽으로 기울 가능성도 배제할 수 없다. 물론 부탄가스의 기본 기능은 대부분 비슷하다는 전제를 깔아야 한다. 지금까지 새로운 시도를 안 해서 새로운 소비 습관이 생기지 않은 것이지, 소비 습관이 변하지 않기 때문에 새로운 시도를 할 필요가 없는 건 아니다.

정말 예쁜 부탄가스가 나온다면 누구든 한 번 이상은 구매할 것 같습니다.

소비자를
닮아가는 브랜드

브랜드는 소비자를 닮는다. 소비 가치를 따라 브랜드 역시 '프로젝트'에 참여하기도 하고 '미션' 브랜드가 되기도 한다. '행복감'을 선사하는 브랜드일 수도, '정보'를 제공하는 브랜드가 될 수도 있다.

브랜드는 다양한 소비자의 가치를 모두 반영하기도(매스 브랜드), 특정 소비층의 니즈만을 반영하기도 한다(틈새 브랜드). 앞에서 사람들이 다양한 이유로 스타벅스에 갔던 것을 생각해 보면, 브랜드의 마케팅 메시지는 네 가지 차원에서 커뮤니케이션 접점에 따라 다르게 분포될 수도 있다. B2B 접점에서의 메시지가 '실용'과 '비평'의 차원이라면, B2C 차원의 접점에서는 '즐거움'과 '일탈'일 수도 있는 것이다.

골프 시뮬레이터를 생각해 보자. 골프존은 스크린 골프 사업 주들에게 기계를 팔 때는 전문성, 비용 합리성, A/S, 관리 용이성 등을 이야기할지 모른다. 하지만 대중 커뮤니케이션에서는

이상주의자

개척
문제제기
공상
새로운 사회
집단적 신화

탈출
모험
꿈
변신
일탈

비평가

쾌락주의자 (미학자)

유용한
기술적인
경제적인
검소한
전문적인
본질적인

기분전환
즐거운
감성적인
장식적인
깜짝 놀라게 하는
주관적인
유머러스한

실용주의자

소비자를 닮은 브랜드 지형도의 예시. 브랜드의 일관된 스타일, 커뮤니케이션 메시지, 브랜드 가치 체계 등을 확인하여 정성적 수준에서 로고를 맵핑했다. 한 브랜드는 마케팅 지향 가치로 볼 때 모든 차원에 속할 수 있으나, 브랜드의 핵심 가치 차원에서 보면 특정 영역으로 포지션되는 경향이 있다.

골프라는 스포츠가 즐겁고, 유익하다는 메시지를 던져야 한다. 이처럼 마케팅이나 세일즈 차원은 전술적이다. 대상과 시기에 따라 지향 가치 표현을 변주할 필요가 있다. 하지만 브랜드의 차원은 보다 일관된 원칙과 지향 가치를 유지할 필요가 있다. 마케팅은 브랜드의 일관된 원칙을 지키는 선에서 자유롭게 변주해 나갈 수 있다.

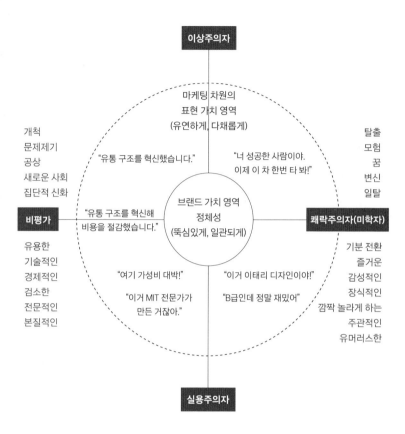

브랜딩의 효과는 단기적으로 나올 수가 없다. 시간과 노력이 투자돼야 한다. 브랜
드를 지탱하게 만드는 기업의 정신과 운영 철학은 브랜딩의 시작점을 알리는 핵심
근거다. 마케팅 전략/전술은 단기 성과를 위해 끊임없이 유연하게 움직이더라도,
그러한 활동들이 어떠한 본질과 근본 철학을 염두에 두어야 하는지 잊지 말아야 한
다. 기업의 존재 이유와 철학을 망각하면, 브랜드는 사라지고 상표만 남는다.

브랜드는 뚝심있고 일관되게
마케팅은 유연하고 다채롭게

개인의 꿈과 신화에 참여하는 브랜드:
나영석과 김태호

김태호와 나영석. 두 사람은 분명 프로듀싱계의 가장 핫Hot한 브랜드들이다. 김태호 PD는 '무한도전'을 13년간 기획했고, 지금은 새로운 플랫폼으로 찾아왔다. '무한도전'은 MBC라는 브랜드 없이도 독립이 가능한 브랜드였다. 하위 브랜드가 모母 브랜드의 브랜드 자산을 넘어서는 건 좀처럼 드문 일인데 '무한도전'은 그 힘든 길을 멋지게 개척했다. 한때 나이키를 넘어서려던 '에어조던'처럼. 나영석 PD는 '1박2일'로 아웃도어 생활 문화를 만들더니, '삼시세끼', '꽃보다 할배', '알쓸신잡' 등 공전의 히트를 연달아 치며 새로운 생활 방식을 창조해 갔다.

이 둘은 리얼 버라이어티라는 장르적 공통점 외에는 세계를 대하는 태도와 관점이 매우 다르다. 한 명은 현실과 동떨어진 이상화된 미장센을 설정하고 그 안에서의 '우주인 체험', '머나 먼 타지에 한국 음식 배달하기', '극한 알바' 등의 무(모)한 도전을 그린다. 일반인이 좀처럼 모방하거나 흉내 낼 엄두조차 내지 못한다. 김태호에게 삶이란 극적인 도전이자 모험이고, 이 세계는 미션으로 둘러싸인 극복의 대상인 듯하다.

나영석의 세계는 사뭇 다르다. 우리는 손쉽게 삼시세끼를 만들어 먹을 수 있고, 가장 자신 있는 메뉴를 만들어 지인에게 대접할 수도 있으며, 마음만 먹으면 가이드 없이 해외여행을 다닐 수도 있다. 일상적 수다로 지적 유희를 즐길 수도, 멀리 시골에 있는 친구 집에서 쉬다 올 수도 있다. 나영석은 매일 반복되는 사건들에 의미를 부여하고 그 의미를 확대하고 관찰한다.

한 명은 도전이라는 프레임을 통해 현실을 극적 미장센으로 밀어 넣고, 또 한 명은 현실에 의미를 부여하여 그 생활을 극적 상황으로 승화시킨다. 그리고 보니 둘 다 극대화를 통해 의미를 만들어낸다. 현재에서 벗어나 극대화된 상황으로 치닫는 원심성과 현실에 집중하여 그 의미를 극대화시키는 구심성 정도의 차이랄까?

두 PD의 개성과 프로그램의 특성 차이는 명확하지만, 근본적인 공통점이 있다. 모두가 개인이 쉽게 경험하지 못했던 꿈과 이상적 지점, 일탈의 차원을 보여 주고, 소비자들이 지닌 개인적 신화의 영역에 참여한다는 것이다. 직장에서 '김 부장'에게 시달리는 누군가는 최고 높이의 번지 점프나 남들이 두려워하는 일도 척척 해내는 강한 남성이라는 신화를 꿈꿀 수도 있고, 누군가는 지친 도시 생활을 떠나 한적한 시골에서 킨포크 라이프를 즐길 수 있다는 개인적 신화를 믿으며 살아갈 수도 있다. 김태호 PD의 '무한도전'은 그런 개인적 신화를 극단적으로 밀어붙인 반면, 나영석 PD는 일상에서 감당할 만한 판타지 Affordable Fantasy로 구현했다. 연예인들이 나와 농사를 짓고, 밥을 해 먹는 모습은 일상에서 부분적으로 따라해 볼 수 있는 장면이라 소비자들은 더욱 친숙함을 느끼고 감정을 이입하게 된다.

과거의 브랜드들은 원심적이었다. 현실에서 벗어난 꿈과 모험, 도전, 이상을 추구해 왔다. 하지만 지금은 일상에서 경험하고 모방할 수 있는, 내 일상을 가볍게 바꿔 줄 수 있는 구심적 브랜드들이 사랑받고 있다.

공동체의 미션을 수행하는 브랜드:
'(RED)'

에이즈를 대하는 시민들의 시선은 여전히 두렵기만 하다. 악수를 해서는 안 되고, 포옹은 더더욱 안 된다. 가까이 가는 것조차 허락되지 않는다. 두려움과 오해가 에이즈를 둘러싸고 있다.

에이즈는 곧 사회적 격리이며, 사망 선고다. 공동체 속에서 일반 생활을 누리기 어렵다. 하지만 에이즈는 알약을 매일 하나씩 먹기만 하면 관리가 가능하다. 그들에게 죽음의 두려움을 넘어 새로운 삶의 가능성을 주자고 호소하는 단체가 있다. '(RED)'라는 단체다.

레드. 혈액의 색깔이다. 단체의 이름도, 로고 디자인도 '(레드)'다. 이것은 에이즈를 정면으로 응시하는 이름이다. '(레드)'는 에이즈에 대한 정확한 교육과 명확한 해결책을 제시한다. 일반적인 후원 활동에서 보이는 동정과 연민의 기제는 찾아 보기 어렵다. 후원을 해야 하는 이유와 그 결과를 명확히 보고한다. 지난 10년간 5,000억 원 정도를 모금했고, 가나, 케냐, 르완다

등지에서 환자들의 생명을 지켜 왔다.

'(레드)'는 좀 다르게 접근한다. 쇼핑만 해도 후원이 되는 시스템을 구축했다. 물론 100퍼센트 자기 돈으로 후원해도 된다. 이 쇼핑 캠페인에는 애플, 갭, 코카콜라, 스타벅스, 비츠 등 유수의 브랜드들이 함께한다. 참여 기업들은 캠페인의 주인공이 된다. '(CocaCola)^{RED}' 혹은 '(GAP)^{RED}'와 같이 뒤바뀐 로고를 보면서 캠페인의 주인공이 누군지 알게 된다. 기업들은 판매 수익의 절반을 이 단체에 기부하고, 이 기부금은 에이즈 환자를 위한 알약 제조, 교육, 홍보 등에 사용된다. 일반 시민들은 후원에 대한 심리적 갈등과 부담을 줄이고 세련된 방식으로 후원을 할 수 있게 된다.

홈페이지 또한 세련됐다. 말끔한 쇼핑몰을 보는 것 같다. 기업 소개나 연혁을 과감히 없애고 후원의 결과와 방식, 파트너사들을 소개할 뿐이다. 동정과 연민을 넘어 세련된 후원의 방식을

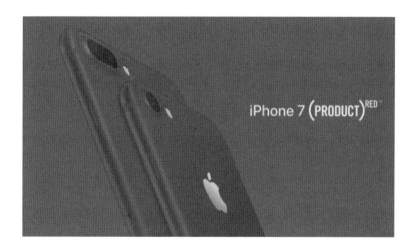

iPhone 7 (PRODUCT)RED

'(레드)'는 캠페인에 참여하는
브랜드를 배려하는
로고 디자인 플랫폼을 선보인다.

제안한다. 그리고 매우 쿨하게 말한다.

"에이즈의 끝이 있습니다. 바로 당신입니다. '(레드)'를 구매하
세요. 생명을 구하세요BUY (RED), SAVE LIVES."

최적의 정보와 품질을 제공하는 브랜드: 아마존

"잠깐, 너 컴퓨터와 연애하고 있다고? Wait, You're dating your computer?" 인공지능과 사랑에 빠졌다는 남편의 '커밍아웃'에 대한 아내의 반응이다. 인공지능 컴퓨터와 인간의 사랑을 다룬 영화 '그녀 Her'의 한 장면이다. 사랑을 나누는 주된 형식은 바로 대화다.

인간과 기계와의 대화. 어릴 적 공상 과학 만화에 종종 나오던 이 오래된 아이디어를 좀 더 그럴싸하게 구현하고 있는 브랜드는 바로 아마존이다. 이 회사는 책과 음반을 팔던 회사가 의류, 가구, 식품, 자동차까지 거의 모든 것을 팔고 있다. 그래서인지 로고에는 소매업의 'A'부터 'Z'까지 다하겠다는 의미의 화살표가 있다.

아마존이 AI 스피커 기계 '에코 ECHO'를 출시한 지 벌써 4년이 흘렀다. 에코는 2016년 아마존 최고의 히트 상품이었다. 우리는 이 기계와 대화를 나눌 수 있다. 일기 예보를 검토해 우산을 들고 가라 말하기도 하고, 분위기에 맞춰 음악을 틀어 주기도 한다. 불도 켜 주고 음식을 배달시키기도 한다. "물이 떨어졌다"고 말하면, 알아서 생수를 주문하고 결제까지 한다. 소비를 보다 쉽고 편리하게 돕는 생활 소비 플랫폼인 것이다. 에코가 치고 나가자, 구글도 '구글 홈Home'이라는 브랜드를 론칭했다. 'SK 누구', 'KT 기가지니', '인터파크 톡집사' 등 국내 브랜드들도 앞다투어 론칭했다. 소비에서 '대화의 시대'가 열렸다. 음성인식은 글을 모르는 어린아이까지 빅데이터에 참여할 수 있는 손쉬운 기회를 제공했다.

빅데이터로 인해 기계와의 대화가 고도화될수록, '허리 찜질기'를 사라는 인간의 명령에 대해 기계는 '왜?'라고 반문하고, '허리가 아프다'는 대답을 듣고, 허리에 좋은 운동, 의약품, 의자 등 다양한 상품/서비스 솔루션을 제안할 수도 있을 것 같다. 기업들은 인간의 삶의 질이 향상된다고 말한다. 그럴지도 모른

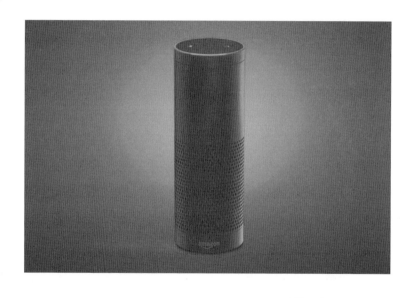

인간과 기계의 대화.
기계에게 일상에 대한 스마트한 조언을
들을 수 있는 날이 머지않았다.

다. 삶의 질 향상은 소비의 증대에서 비롯된다. 분명 소비는 점점 더 쉬워질 것이다. 그래서 소비를 스마트하게 제어하는 것은 더욱 중요한 일이 된다. 소비 활동 전반에 대한 '진정한 조언'을 줄 수 있기를 기대하는 건 그 때문이다.

인생을 즐기는 브랜드:
베트멍 Vetement

2015년 가을, 경기도 한 대형 창고에서 이상한 세일 행사가 열렸다. 이날 행사에는 연예인을 포함하여 수백 명의 젊은이들이 인산인해를 이뤘고, 행사 전날에는 2030 청년 500여 명이 줄을 서 있었다. 이날 행사의 명칭은 '공식적인 짝퉁 Official Fake'. 그 주인공은 패션 브랜드 '베트멍 Vetement, 프랑스어로 '옷'을 의미한다.' 이었다.

2014년 론칭해서 가장 짧은 기간 내 전 세계의 주목을 받은, 오버핏 Overfit의 '끝판왕'. DHL 로고로 디자인된 일반 티셔츠를 33만 원에 판매하여 매진시킨 브랜드. 국내에서는 G드래곤 등 많은 스타들이 입어서 화제가 됐다.

베트멍이 전 세계적으로 주목을 받자 그 스타일에서 영감을 받거나 모방한 옷들이 등장한다. 동대문 시장도 예외가 아니었는데, 베트멍은 동대문에서 제작된 '짝퉁'들을 모두 구입해서 그것들을 다시 모방하고 디자인적으로 재해석했다. 이른바 '공식적인 짝퉁'. 베트멍은 '공식적인 짝퉁'을 기획함으로써, '원본'의 우월성을 재확인하는 동시에 소송이나 지적 재산권 침해 등의 권위적이고 진부한 방식에서 벗어났다. 이 한 번의 액션으로 베트멍은 위트와 유머, 심지어 여유까지 겸비한 브랜드로 진화했다. 많은 소비자들의 신뢰와 사랑을 받을 수 있는 계기를 마련했고, 더 많은 입소문을 유발할 수 있었다.

모방과 지적 재산권 침해에 대한 기업들의 일반적인 대응은 '소송', '판매 금지' 등의 법적 조치다. 브랜드는 기업의 사적 소유물이고 경쟁자들은 모두 '적'이라는 인식 때문이다. 하지만 브랜드를 소비 시민의 것으로 생각하고, 어느 누구나 그것을 베끼고, 변형하고, 가지고 놀 수 있도록 허락하는 여유를 가질 수는 없을까? 이러한 오픈 마인드는 브랜드의 진화를 위한, 어쩌면 가장 기본적인 자세가 아닐까?

기업이 제품/마케팅/브랜드를 통제하는 대신에 소비하는 모

국내에서 진행된 '공식 짝퉁' 행사.
지금까지 봐 왔던 어떠한 이벤트보다
정말 '쿨cool'한 이벤트였다.

든 사람들이 자기 브랜드 활동에 참여하는 것을 '브랜드 하이재킹 Hijacking, 납치이라고 한다. 베트멍에는 '브랜드 하이재킹'을 허락할 여유가 엿보인다. 이 브랜드는 '베트밈 Vetememe'이라는 미국의 패러디 브랜드에 대해서도 이미 이렇게 이야기했다. "마음껏 베끼고 즐기세요." 마치 우리 기업들에게 보란 듯이.

하지만 2020년 현재 베트멍의 지나친 유희적 코드는 여론의 뭇매를 맞고 있다. 코로나 바이러스로 전 세계가 어수선한 이때, 마스크를 눈에 착용한 무개념(?) 사진을 올린 탓이다.

당신은 비평가인가요? 미학자인가요?

소비 가치의 기호학적 분석은 정량적으로 활용되어 보다 깊은 인사이트를 제공한다. 시장 내 소비 지형이 어떻게 분포됐는지 구조화된 설문을 통해 파악해 볼 수 있다.

2017년 고객사의 요청으로 반려동물 시장의 가능성과 하위 사업 영역을 설정하고, 비즈니스 모델을 기획한 적이 있다. 시장 내 소비 지형이 어떻게 형성됐는지 보기 위해 전통적인 STP 조사와 더불어, 소비 기호학적 분석을 실시했다. 조사 분석에서 총 6개의 소비자 집단을 추출할 수 있었는데, 시장 참여도, 지출 비용, 구입률, 구매 빈도, 시장 규모 등을 분석하여 가장 매력 있는 표적 집단을 설정할 수 있었다. 이후 이들에 대한 라이프스타일, 구매 채널 및 미디어 활용성 등 관련 정보를 포괄적으로 종합하여 고객에 대한 프로파일을 정리했다.

이 그래프를 보면 시장은 크게 2사분면과 4사분면에 치중돼 있다. 가성비가 한창 강조되던 해에도 가성비 영역인 3사분면에 해당하는 소비 집단은 분열돼 있었고 얻고자 하는 가치와 의미가 달랐다.

Seg. 1은 반려동물과 인간의 새로운 관계 설정, 반려동물을 '내 새끼'라고 여기며 가족처럼 돌보는 사람들이다. 이들은 가족처럼 따뜻하게 보살피고 함께 살아가는 이미지와 메시지를 주면 구매력 제고를 기대해 볼 수 있는 사람들이다.

Seg. 5는 용품의 디자인이나 제품 패키지의 감성이 세련된 것을 우선시했다. 같은 제품, 같은 메시지라도 보다 세련된 룩앤필이 동반돼야 지갑을 여는 사람들이다. 생각보다 디자인이나 정서적 감성을 우선시하는 소비자가 많다는 것을 확인할 수 있었다.

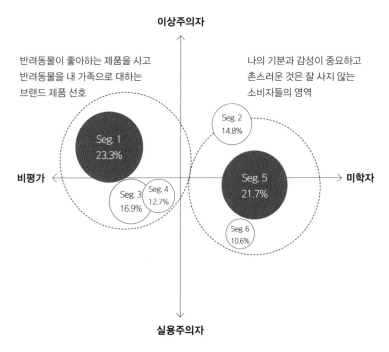

반려동물이 좋아하는 제품을 사고
반려동물을 내 가족으로 대하는
브랜드 제품 선호

나의 기분과 감성이 중요하고
촌스러운 것은 잘 사지 않는
소비자들의 영역

이상주의자

비평가

미학자

실용주의자

Seg. 1
23.3%

Seg. 2
14.8%

Seg. 3
16.9%

Seg. 4
12.7%

Seg. 5
21.7%

Seg. 6
10.6%

코리아 리서치, 2017

이렇게 볼 때 시장은 크게 나의 감성과 만족도가 중시되는 그룹과 나보다 반려동물의 안위와 편리함, 건강 등을 더욱 챙기는 그룹으로 양분된다. 반려동물 시장 역시 유아용품처럼 고객Customer과 소비자Consumer가 분리되어 있어 벌어지는 일이다(고객은 구매하는 사람, 소비자는 그것을 쓰는 사람). 아이 기저귀의 품질을 정확히 파악하기 위해 기저귀를 어른 사이즈로 주문해 착용해 보는 엄마 아빠는 거의 없다. 마찬가지로 반려견 사료를 직접 먹어 보는 고객은 거의 없을 것이다. 그래서 이런 종류의 비즈니스에서는 고객의 니즈와 소비자의 니즈를 동시에 충족시킬 수 있는 제품력과 마케팅 팁이 필요하다. 이러한 진단은 소비 그룹별 가치 연관성이 높은 상품군을 선정하고 상품의 가치 제안을 마련하는 데 커다란 도움이 된다.

여러분은 지금 반려동물과 함께 살고 있는가? 그렇다면 어떠한 집단에 보다 가까운가? 물론 어느 유형에도 속하지 않을 수 있다. 날카로운 분석 언어의 바깥에는 언제나 해석 불가능한 미지의 세계가 있게 마련이다.

의미의 시대,
브랜드는 제품을 넘어
보다 넓은 의미의 차원으로 향한다.

브랜드는 맥락을 바꾸어
새로운 얼굴을 취하고
숨겨진 의미의 차원으로 확장된다.

당신은 지금
브랜드의 어떤 얼굴을 보고 있는가?

지금 이 시대,
브랜드는 우리에게
어떤 의미를 주어야 하는가?

다섯,
의미와 시대

브랜드를 만드는 데에는 하나의 마을이 필요하다.

—마티 뉴마이어[•]

•   Marty Neumeier, 《Brand Gap》, Peachpit Press, 2005, p.51.

공동체를 염려하는 모든 브랜드와
시대의 의미를 생각하는 당신을 위하여.

맥도날드
패밀리

최근 미국에서 흑인 조지 플로이드가 백인 경찰에 의해 목이 눌려 숨진 사건이 발생했다. 이후 인종 차별 반대 시위가 미국 전역에서 일어났고, 캐나다, 영국, 독일 등 전 세계가 슬픔과 분노에 공감했다. 아울러 정확히 28년 전인 1992년에 발생했던 'LA 폭동'의 기억도 소환됐다.

1992년 스탠포드대학교 사회학자들이 LA로 파견됐다. LA 폭동을 연구하기 위해서였다. 그런데 사회학자들의 관심은 폭동을 초래한 구조적 동인이라든지, 인종 갈등에 있지 않았다. 사회학자들의 이목을 끈 현상은 따로 있었다.

1991년 로드니 킹이라는 흑인 운전자가 과속 운전으로 경찰에 잡혔다. 단속 과정에서 백인 경찰들은 로드니 킹을 집단 구타하는데, 이들의 대응이 매우 심각해서 나중에 로드니 킹이 청각 장애인이 될 정도였다. 때마침 인근 주민은 일련의 과정을 비디오로 촬영했고, 이것이 방송사에 넘어간다. 하지만 1년 후

맥도날드의 설립자 레이크록은
M자형 간판을 보며,
교회 십자가를 생각했다.

법원에서는 당시 백인 경찰들에게 면죄부를 줬고, 이 사건은 흑인 사회의 공분을 사며 삽시간에 LA를 불바다로 만들었다. 우리 모두가 기억하는 LA 폭동의 전말이다. 당시의 분위기를 기록한 어느 블로그가 눈에 띄었다.

> 남부 중앙 LA가 황폐화된 가운데 모든 게 파괴됐다.
> 다섯 채의 빌딩만 제외하고 모든 게…
> 이 다섯 채의 빌딩은 모두 하나의 공통점이 있었다.
> 모두 맥도날드McDonalds였던 것이다.[1]

다섯 곳의 맥도날드 건물만 멀쩡하게 살아남았다? 왜 그랬을까? 사회학자들은 흑인들과 인터뷰를 시도했다.

---

1   이 글은 맥도날드의 PR 담당자 션 게블링의 기록이다.

"왜 맥도날드 건물만 살아남았나요?"

"그들은 우리 편이니까요 They are one of us."

"그게 무슨 말인가요?"

"그들은 우리를 돌봤거든요."

"어떻게 맥도날드가 당신들을 돌봤다는 겁니까?"

되묻는 학자들에게 흑인들이 답했다. 맥도날드가 저소득층이 사는 지역에 농구장을 설치해 주고, 수년간 수백 잔의 무료 커피를 흑인 노숙자들에게 나눠줬다는 증언이었다. 수년간 수백 잔씩! 당시 LA 지역 흑인들에게 맥도날드라는 브랜드는 자본주의 상징이기 이전에 자신들을 돌보는 친구이자 가족이었던 것이다.

'빅맥지수 맥도날드 햄버거를 기준으로 한 물가 지수'라는 개념까지도 파생시킨 글로벌 프랜차이즈 브랜드. 그만큼 전 세계적 영향력을 발휘하고 있는 브랜드. 패스트푸드의 해악이나, 지역 상권을 침해하는 프랜차이즈라는 관점에서 비난을 받기도 하지만, 우리는 맥도날드가 LA에서 살아남을 수 있었던 그 이유에 주목할 필요가 있다. 단지 몇몇 가맹점주들의 선행 때문만은 아닐 것이다. 지속적인, 반복되는 행위의 이면에는 반드시 특정 세계관이나 철학이 있다. 맥도날드의 철학이 궁금했다.

그러던 어느 날 나는 맥도날드가 사업 초기부터 임직원, 가맹점주에게 교육하던 문건을 하나 발견했다. '특별한 관계의 본질The Essence of the Special Relationship'. 아쉽게도 지금은 적용되지 않는 이 문건은 '우리는 당신의 가족이고 공동체의 일원'이라는 메시지로 요약된다.

〈특별한 관계의 본질〉
우리는 여러분의 가족… 나아가 그 공동체의 일원입니다.

-우리는 여러분의 공동체에 늘 있었습니다-

그냥 좋은 친구처럼, 우린 늘 여러분을 위해 여기 있겠습니다.

〈**Essence of the Special Relationship**〉

We're a part of your family… your community

we've always been in your community-

and like any good friend, we're always here for you.

맥도날드가 지향하는 관계의 본질은 '가족'인 셈이다. '가족'
은 맥도날드가 공동체를 대하는 본질적 태도이자 철학이다. 이
때문에 맥도날드가 제시하는 '행복'은 '가족(사랑)', '공동체(우
정)'와 같은 사회적 관계 속에서 정의된다.

영화 '파운더'에서 레이 크록 마이클 키튼 분이 맥도날드를 교회
에 비유하며 가맹점주들을 교육하는 장면이 인상적이었다. 교

회는 그리스어로 '에클레시아 ἐκκλησία=Ekklesia'다. '모임', '공동체'라는 의미다. 지역 사회의 십자가가 M자형 금빛 아치로 모두 대체되는 것을 상상하는 그. 맥도날드는 단지 음식을 판매하는 식당이 아니었다. 그에게 맥도날드는 종교에 가까웠다. 종교는 모임과 공동체 형성을 통해 유지/확장된다. 맥도날드는 에클레시아를 조직하고, 에크레시아를 위해 존재했다. 그리고 이러한 존재 형식을 '특별한 관계의 본질'이라는 주기도문에 담은 것이다.

스토리는 전달하면 '스토리텔링 Story Telling'이 되지만, 실천하면 '스토리두잉 Story Doing'이 된다. 스토리두잉이 있어야 스토리는 공유되고, 이 과정이 지속되면 기업의 실천은 일회성 이벤트가 아니라, 기업의 DNA로 뿌리내린다. 특별한 관계는 말로만 만들어지지 않는다. 크건 작건 경험할 수 있는 액션 프로그램이 지속돼야 스토리는 사실이 된다.

가만히 생각해 보니, 맥도날드는 엄마가 편하게 먹을 수 있게끔 아이들의 놀이터를 가장 먼저 설치하지 않았던가! 그리고 아이들에게 장난감을 나눠 주고, 생일 파티도 할 수 있게 했다. 해외 13개국에는 중증을 앓는 아이의 가족들이 보다 편안하게 대기할 수 있는 125개의 패밀리룸Family Room을 만들기도 했다. 고객과 더불어 살고자 하는 '패밀리 정신'이 아니었다면 이런 일들이 가능했을까?

'패밀리'라는 단어를 '정치/경제/문화적 이해관계를 공유하는 자기 식구'라는 의미로만 사용하는 몰염치한 특정 집단들에게, 오래전 맥도날드의 철학은 꼭 가르쳐 주고 싶은 관계의 본질이자, 잘 짜인 공동체 정신이다.

맥도날드의 멘탈 네트워크 Mental Network

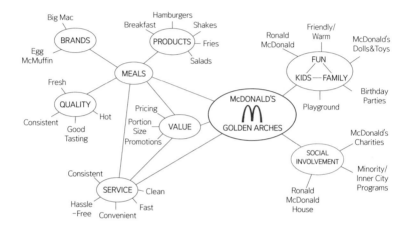

맥도날드의 연상 이미지 맵핑. © David A. Aaker (1996) ⎯⎯⎯⎯⎯⎯

브랜드의 현 수준을 파악할 때, 손쉽게 해 볼 수 있는 건, 브랜드에 대한 연상 이미지를 네트워크처럼 그려 보는 것이다. 소비자에게 내 브랜드를 생각할 때 떠오르는 이미지를 조사하여 위와 같은 그림을 그리는데, 이를 '멘탈 네트워크'라 부른다.

멘탈 네트워크는 노드Node=연상 이미지, 동그라미와 글자로 표시와 노드 사이의 연결 관계Link, 선으로 표시로 구성된다. 노드와 노드 사이의 거리가 가까울수록 많은 사람이 그 이미지를 떠올린다는 의미다. 가령 '재미Fun', '아이들Kids', '가족Family'이라는 노드는 '맥도날드'와 가까운 거리에 위치하는데, 이는 '맥도날드'하면 이 세 가지 이미지를 가장 먼저, 가장 많이 떠올린다는 것을 의미한다. 이는 맥도날드의 브랜드 에센스가 '가족'이라는 것을 보여 주는 실증적인 증거인 셈이다. 맥도날드가 '가족'이라는 본질을 구체화하고 실천해 왔던 '해피 밀 세트', '매장 내 놀이터', '생일 축하 파티', 어린이 암 환자 가족을 위한 '패밀리 룸' 설치 등 브랜드 활동Brand Action이 없었다면 이런 연상 네트워크는 형성되지 않았을 것이다.

기업의 사회적 책임은
'연탄 나르기'가 아니다

기업은 생활 곳곳에 침투해 있는 듯하다. 기업은 아침에 '콘푸로스트'나 '컬리스 통밀 식빵'으로 말을 걸고, 식빵을 먹으려는 소비자에겐 '발뮤다'라는 이름의 토스터로 자신을 알린다. 메모를 할 때에는 '모나미'나 '라미'를 통해 자기 존재를 알리고, 밥을 사먹을 때엔 '현대카드'가 되어 결제를 돕는다. 소비자를 위로하고 축하할 때엔 '테라'나 '카스'와 같은 맥주로 다가오고, 빨래를 할 때 '액츠'로 얼룩을 지우고, '샤프란'으로 부드러운 향을 남긴다. '트롬'이라는 이름을 통해 가사 노동을 대신하며 여유를 선사하기도 한다. 하루 24시간 동안 브랜드 없이 지내기는 거의 불가능한 시대다. 이렇게 본다면, 일상 곳곳에 침투한 건 기업이 아니라 바로 '브랜드'라고 해야 정확한 표현일 것이다.

기업은 브랜드가 의미하는 바(아이덴티티, 포지셔닝)를 필요한 사람(타깃팅)에게 정확하게 배치하기 위해(커뮤니케이션) 노력한다. 두통이 있지만 피린계 알러지가 있는 사람에겐 '타이

레놀'을 제안하고, 특별한 손님의 집들이를 위해 식재료를 주문할 땐 '마켓컬리'를 제안한다. 디자이너에겐 삼성 노트북 대신 '맥북'을 제안하고, 거하게 먹기는 싫고 편의점 도시락이 싫은 사람에겐 '파리바게트' 샐러드를 제안한다. 모든 게 브랜드로 번역된 시대인 것 같다. 기업이나 제품뿐 아니라 비영리단체도 '유니세프'나 '초록우산' 등의 브랜드로 다가온다. 심지어 사람도 브랜드로 간주되는 시대다(일반인을 대상으로 하는 퍼스널 브랜드 코칭이라는 클래스가 유행하는 것을 보라!).

기업의 경영 활동을 '브랜드 경영 활동'으로 해석하기 시작한 건 이미 오래된 이야기다. 기업 가치에 미치는 브랜드 자산의 막대한 영향력을 고려한다면, 쉽게 받아들일 수 있을 것이다. 그 결과 '기업의 사회적 책임 CSR, Corporate Social Responsibility'은 '브랜드의 사회적 책임'으로 치환해도 크게 무리가 없는 표현일 것이다.

CSR하면 떠오르는 건 빈민촌에서의 봉사 활동이다. 하지만 CSR은 '연탄 나르기'가 아니다. 기업의 사회적 책임 활동은 기업의 브랜드가 상징하는 의미를 실천하는 방향으로 기획돼야 한다. 맥도날드의 CSR은 얼핏 보면 일반적인 봉사 활동 같지만, 사실은 맥도날드의 '존재 증명' 활동에 가깝다. 맥도날드는 스스로를 '브랜드'로 인식하고, 자신이 상징하는 바를 '가족'으로 설정했다. 맥도날드가 흑인 사회에 농구장을 설치하고, 무료 커피를 나눠 준 행위는 계산을 하며 기획한 활동으로 보기에는 매출 상관성이 잘 보이지 않는다. 오히려 이런 행동은 '가족'을 챙기는 책임 활동으로 보는 게 더 자연스럽다.

이처럼 기업의, 혹은 브랜드의 사회적 책임은 자기 본질에 입각한 공동체 기여 활동이어야 한다. 그리고 '책임Responsibility'이라는 건, 기본적으로 '응답Response'할 수 있는 '능력Ability'이다. 그래서 '브랜드의 사회적 책임'은 '브랜드가 사회에 응답하여 자기 본질을 실천하는 능력'이라 할 수 있다.

Brand Responsibility = Brand + Response + Ability

브랜드 책임 = 브랜드 응답력

브랜드 무용론이 등장하고 화려한 마케팅이 눈총을 받았던 건, 크게 두 가지 이유 때문이었다.

하나는 상표 차원의 브랜드 네임과 디자인만 멋지게 관리하고 그 외 제품, 조직, 개성 등을 진정성 있게 관리하지 않았기 때문이다. 네임은 제품과 조직 이미지 등 기업의 다양한 이미지를 반영하면서 성장하는데, 기업은 그저 이미지만 멋지게 꾸미기만 했고, 소비자들은 전혀 새롭지 않은 브랜드가 포장에만 열을 올리고 있으니 싫증이 난 것이다.

두 번째 이유는 브랜딩이나 마케팅 활동이 꽤 오랫동안 기업의 이익에만 봉사하며 외면만 포장했을 뿐 공동체의 시대정신과 괴리됐기 때문이다. 나오미 클라인이 비판했던 건 브랜드의 불필요함 그 자체가 아니다. 슈퍼 브랜드로 주목받고 부를 축적해 가는 그 이면에서 벌어지는 온갖 불균형 현상들이었다. 예를 들어, 아동 노동 착취, 노동자 권익 무시, 과하게 책정된 소비자 가격, 상품의 실체보다 인식과 이미지만 관리해 온 과도한 포장 행위들 말이다. 이런 문제 인식을 바탕으로, 자기 배만 채워 왔던 슈퍼 브랜드들이 브랜드를 매개로 주주 가치 제고에만 혈안이 되어 있는 현실을 개탄한 것으로 보인다.

브랜드는 단지 상표가 아니다. 브랜딩은 네임, 디자인, 패키지 등으로 멋지게 꾸미는 성형 활동이 아니다. 브랜딩은 조직, 제품, 상징, 개성 등의 차원에서 의미의 지향점을 설정하고 이를 실천하는 행위다. 같은 맥락에서 브랜드는 제품의 실질적 혁신과 비즈니스 방향까지 설정하는 기준이 되어야 하며, 공동체

삶의 질 향상에 기여해야 한다.

브랜드를 만드는 데에는 하나의 마을이 필요하다고 한다. 기업 스스로 잘나서 브랜드를 키운 게 아니다. 성장의 열매를 공동체에 나눌 수 있어야 한다. 다시 말하지만, 기업의 책임은 브랜드의 책임으로 치환되며, 브랜드의 책임은 공동체에 대한 응답력이다. 그 응답은 마땅히 공동체의 시대정신과 관련돼야 할 것이다.

이 시대를
어떻게 읽을 것인가

2001년 세계적인 미래학자 제러미 리프킨은 소유의 종말을 이야기하며, '접속의 시대'가 도래한다고 예측했다. 정보통신 산업ICT 중심 패러다임이 공고화되면서 소유 가치보다 공유를 통해 사용 가치를 극대화하는 일이 더 중요해질 거라는 진단이었다.

지금 주변을 둘러보면 그의 말이 실현되고 있음을 느낄 수 있다. 우리는 이미 저성장, 구매력 감소로 점차 소유의 형태로 소비하지 않는다. 자동차는 구매하지 않고 렌트나 리스 제도를 이용하고 있으며, 영화는 DVD나 데이터를 구매하지 않고 단기 대여하거나 월정액을 내는 넷플릭스 같은 서비스를 이용한다. 이 시대의 대다수 소비자들은 제품이나 콘텐츠를 경험하기 위해 소비한다. 리프킨의 진단대로 소유가 아니라 '접속', '접근성'을 더욱 중시하는 시대다. 이러한 공유 경제는 이미 진부할 정도로 익숙한 시대정신이 됐다.

우리가 쉽게 떠올리는 공유 경제 사례는 '쏘카'와 같은 자동차 공유 서비스다(제품 공유). '위워크'나 '패스트파이브'처럼 오피스를 공유하는 서비스(공간 공유)와 '위쿡'처럼 제조와 유통을 위한 인프라를 공유하는 서비스(물적 관계 공유) 역시 공유 경제를 소개할 때 흔히 등장하는 사례다.

소유 경제에서는 10명의 소비자를 위해 10대의 자동차를 생산해야 했지만, 공유 경제에서는 자동차 1대면 족하다. 1대만으로도 10명의 소비자가 골고루 이용할 수 있는 것이다. 소비자는 '구매 고객Customer'에서 '사용자User'로 그 위상이 변했다. 이때 중요한 건 각 사용자들의 동선이다. 제품이나 서비스를 이용할 수 있는 동선만 잘 관리한다면, 제품 생산을 더 늘리지 않고도 더 많은 사용자가 이용 혜택을 누릴 수 있다. 따라서 혜택의 총량을 늘리기 위해 한계 비용이 늘어날 필요는 없다. 구글의 유저가 1명 늘었다고 해서 비용이 늘지 않는 것과 같다. 모

소유 (Possession)	공유 (Sharing)
소유권 이전	사용 동선 디자인
고객(Customer)	사용자(User)
시장 점유율	시간 점유율
구매 빈도	사용 시간
브랜드 인지도	브랜드 관여도
브랜드 가시성	브랜드 접근성

소유권에서 접근권으로 이동하는 새로운 시대정신은 브랜드 성과 측정의 태도와 관점도 뒤바꿔 놓았다. 브랜드의 시장 점유율은 여전히 중요하나, 시간 점유율은 지속적으로 관리해야 할 지표가 됐다. 브랜드 인지도 창출Visibility은 필수지만 그보다 브랜드 접근성Accessibility이 더 중요해졌고, 마찬가지 맥락에서 브랜드의 일상적 관여도Daily Engagement가 더욱 중시되고 있다.

든 것이 네트워크로 연결된 세상에서는 고객 획득을 위한 한계 비용은 점차 줄어들 것이다.

공유 경제라는 개념을 크게 알린 건 '우버Uber'와 '에어비앤비AirBnB'였다. 이후 공유 경제는 크게 '이동 산업'과 '정주停住 산업'의 영역에서 전개되고 있다.

이동 산업은 MaaS Mobility as a Service로 진화하고 있다. MaaS 는 '서비스로서의 이동'이라는 의미로 모든 교통수단의 통합 서비스를 지향한다. 자동차를 빌려 도로를 달리다가, 구불구불한 좁은 골목길을 가야 할 때는 전동 킥보드나 전동 자전거로 이동하고, 공유 차량을 빌려 타다가 지하철이 빠른 구간에서는 지하철로 갈아탈 수 있도록 지원하는 등 환경에 최적화된 이동 수단들을 유연하게 연결하는 모빌리티 연계 비즈니스다. 중요한 포인트는 단지 이동을 연결하는 것에 머무르지 않고 이동 구간 사이에 있는 맛집, 데이트 장소, 박물관 등 다양한 취향을 즐길 수 있는 장소들을 연결할 수 있어야 한다는 점이다.

　이동 산업이 현명한 이동을 돕는 모빌리티 Mobility 산업으로 성장하고 있다면, 정주 산업 역시 현명하게 머무를 수 있도록 하는 스테이빌리티 Staybility, Stay+Ability 산업으로 진화하고 있다. 전자는 '이동'에 대한 관점에서 시작했고, 후자는 '머무름'이라는 관점에서 시작된 비즈니스지만, 상호 시너지를 내며 산업을 키워 갈 수 있다. 공간 사업자가 자기 공간으로 소비자를 유인하기 위해서는, 그 공간이 호텔이건, 아파트건, 저렴한 숙소건 간에 지역 인근의 맛집, 엔터테인먼트 장소, 문화 체험 장소 등의 정보를 제공해야 한다. 소비자가 원하는 건 잘 만들어진 공간 그 자체뿐 아니라, 주변의 먹거리와 놀거리이기 때문이다. 그리고 이는 지역 내 다른 장소로 이동할 수 있는 최적의 모빌리티 경험과 연계돼야 한다. 정주 시설과 전동 킥보드, 공유 자전거, 공유 차량 등과의 다양한 컬래버레이션은 이미 시작되고

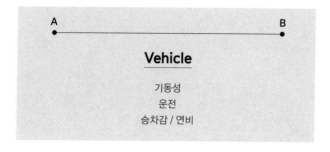

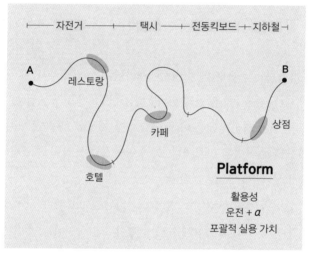

A에서 B로 이동해야 하는 여정이 있다고 치자. 그 사이 장소의 문제 때문에 이동 수단을 다양하게 교체해야 할 수도 있다. 모빌리티 산업은 이동 수단의 교체에 따른 불편한 상황들을 해소하는 방식으로 진화할 것이다. 그리고 각 이동 경로상 위치해 있는 호레카 HoReCa: Hotel, Restaurant, Cafe 비즈니스와의 컬래버레이션 역시 필수적이다. 호레카 비즈니스 종사자들 역시 모빌리티 산업과의 연계 방향에 대해 깊은 고민이 필요하다.

있다. 앞으로도 이동 산업과 정주 산업은 서로 불가분의 관계가 될 것이다.

아직까지는 공유 경제의 맥락에서 산업의 흐름을 단박에 바꿀 강자가 나타나지 않았다. '우버'는 한번 쓴 잔을 들이켰고, 몇몇 공유 주거 서비스들은 비싼 렌트 비용 때문에 대중 시장으로 확산되기 어려운 상황이다. 하지만 앞으로 산업이 어떻게 변화할지는 아무도 모른다. 다만 우리가 염두에 두어야 할 점은 이동 산업과 정주 산업에서 벌어지는 지금의 흐름들은 단지 표면적인 취향이나, 일시적인 유행이 아니라는 것이다. 인류의 행동 코드 가운데 '움직임'과 '머무름'에 해당하는 중요한 영역에서 우버와 에어비앤비 같은 스타 산업이 등장한 건 우연이 아니다.

개인 소외의 과정,
머무름과 움직임의 역사

머무름과 움직임. 이 두 가지 행동 코드는 인류 문명의 시작부터 발견되는 양상이다. 어쩌면 생의 기본적 서사를 매우 단순하게 정리하면, "인류, 머무르다 움직이고, 움직이다 머물다"라고 할 수 있을지도 모른다.

태초에 인류는 수렵 채집의 시대를 살았다. 동물에 가까웠던 인류가 할 수 있는 행위는 그저 널려 있는 과일 등을 따 먹는 것뿐이었다. 그리고 먹거리가 떨어지면 먹거리가 있는 다른 곳으로 이동하며 생명을 유지했다. 태초의 인간은 유목민이었다.

인류는 에덴동산에 있는 나무 열매는 무엇이든 마음대로 따 먹을 수 있었다(〈창세기〉 3장 2절). 신이 금지한 열매만 제외하고. 뱀은 금지된 열매를 먹기만 하면 "눈이 밝아진다"고 유혹했다. 지혜를 얻게 된다는 의미였다. 신은 뱀의 꾐에 넘어간 인류를 에덴동산 밖으로 추방한다. 신은 인간이 "땅에서 나왔으므로 땅을 갈아 농사를 짓게 하셨다."(3장 24절) 신은 인간이 "죽

미켈란젤로의 '유혹과 추방The Temptation and Expulsion'. 뱀은 최초의 여성 이브를 속여 신이 금지한 열매를 먹게 한다. 최초의 남성 아담 역시, 이브의 말에 넘어가 함께 먹는다. 선과 악을 알게 하는 이 과일을 먹은 최초의 인류는 신의 노여움을 사 에덴동산에서 추방당한다.

도록 고생해야 먹고 살리라"(3장 17절)라고 저주를 내렸다. 이 신화는 수렵 채집 시대에서 농업 시대로 전환되는 과정을 보여준다.

자유롭게 이동하며 영양을 섭취해 왔던 수렵 채집인이 허리를 숙인 채 고정된 자세로 땅을 일구는 건 결코 쉽지 않았을 것이다. 유발 하라리는 "인간은 타는 듯한 태양 아래 온종일 잡초를 뽑는 노동"을 했으며, "농업으로 이행하면서 디스크 탈출증, 관절염, 탈장 등 수많은 병이 생겨났다"고 주장한다.[2] 신의 저주가 실현된 것이다. 그렇게 인간은 끊임없는 노동의 굴레 속에서 활력을 잃어갔다.

농업의 고된 노동이 지속됐지만 농업 규모는 커지고 조직화됐다. 식량은 안정적으로 생산됐고, 인구는 비약적으로 늘어났

---

2   유발 하라리 지음, 조현욱 옮김,《사피엔스》, 김영사, 2011, p. 125~126.

다. 자연스럽게 마을 공동체가 형성됐다. 수렵 채집을 할 때, 위협적인 상황이 발생하면 다른 곳으로 도망가면 그뿐이지만, 농부들에게는 지켜야 할 땅과 곡식이 있었다. 외부의 침략이 발생하면 목숨을 걸고 싸워야만 했다. 이동하던 삶은 머무르는 삶으로 바뀌었다.

머무르고 지키는 삶에 익숙해진 농부들은, 태초의 야생적 사고와 행동 양식을 망각했다. 전문 농업인으로 살아가며 '길들여진' 사람들은 외부의 침략으로부터 영토와 재산을 지키기 위해 전문 군인에게 전적으로 의존해야 했으며, 군인들은 영주가 됐다. 그렇게 땅을 지켜 주는 영주와 땅을 일구는 농노의 관계가 형성되고, 봉건제가 강화됐다. 농노는 고된 노동을 통해 농작물을 생산했지만 영주에게 착취당했다. 자기 노동의 산물로부터 소외당하기 시작한 것이다.

십자군 전쟁 이후 원정로를 통해 동방 무역이 활성화됐고 상인의 힘이 강해졌다. 농사꾼은 한곳에 정착해서 인생을 마무리 하지만, 상인은 이 마을 저 마을, 이 나라 저 나라를 떠돌아다니며 '교환' 행위를 업의 본질로 삼는다. 상인은 유목적 기질을 가지고 있었다. 상업이 기지개를 펴기 시작하면서, 영주의 힘을 약화시키려는 국가(왕)의 이해와 영주가 다스리는 마을 공동체의 힘을 약화시키려는 상인의 이해관계가 일치하게 된다.

"마을 공동체를 해체하라." 국가와 시장은 마을 공동체의 힘을 약화시켜야 했다. 영주가 보호하고 있는 마을 공동체는 스스로 자급자족이 가능한 시스템이었기 때문에, 교역을 할 필요도 없고, 굳이 국가에 세금을 낼 필요도 없었다. 그래서 국가와 시장은 '개인'을 발명했다. 이후 공동체의 개념은 일사분란하게 움직이는 '전체'가 아니라 '연합된 개인'으로서의 '상상의 공동체'로 전이됐다. 어떤 맥락에서는 개인의 문제는 곧 공동체의 문제였다.

개인은 주체성과 자유를 가진 독립적 존재다. 개인의 '자유'는 제한 없이 어디든 갈 수 있는 능력을 포함한다. 신체적 자유, 주거의 자유를 얻게 된 개인은 이제 언제든 마을 공동체를 떠날 수 있었다. 하지만 문제가 있었다. 마을은 외부의 위협에서 사람을 지켜 주고, 아프면 치료해 주고, 먹고살게 해 주는 안락한 둥지였다. 지금 정부나 기업이 하는 경호의 기능, 의료의 기능, 보험의 기능, 교육의 기능을 마을이 해결하고 있었다. 이러한 마을에서 떨어져 나와 독립한다는 것은, 그 모든 기능을 홀로 해결해야 한다는 의미였다. 생生을 홀로 책임져야 하는 고독한 개인. 마을과 가족에서 외떨어졌다는 고립감과 이에 기인한 실존적 불안감은 지금도 유지되고 있다.

17세기 이후 과학의 시대가 전개됐고, 지금은 데이터 혁명의 시대를 맞이했다. 의미 해석의 권위가 신에서 인간으로 넘어온 이후, 중세의 인본주의자들은 (특히 인간) 생명의 존엄함을 강조했다. 생명에 대한 코드는 현 시대의 '수명 연장' 욕구로 이어진다. 진의 시황제가 불로장생의 약초를 찾아 헤맨 것은 지금 보면 매우 촌스러운 이야기다. 지금은 단지 오래 사는 게 아니라, 젊게 오래 사는 게 중요한 세상이니까. 이런 니즈를 재빨리 알아챈 시장은 뷰티, 출판, 의학, 자기계발, 경영 등 온갖 분야에서 늙지 않고 젊게 살아가는 법을 제안한다.

죽음을 거부하려는 인간의 욕망은 기어코 '헤븐 프로젝트'라는 극단적 사건으로 표출됐다. 헤븐 프로젝트는 2016년 이탈리아 신경외과 전문의인 세르지오 카나베로와 중국 렌샤오핑 하얼빈 의과대학교 교수가 진행할 것이라고 알려진 '머리 이식' 프로젝트다. 전신마비 환자의 머리를 뇌사자의 몸에 이식하려는 시도였으나, 지금까지 실패를 면치 못하고 있다. 영원히 머무르기 위해 뇌를 다른 신체에 이동시키려는 시도다.

머리 이식 프로젝트는 디지털 버전으로 재해석된다. 만일 내

머리에 있는 정보와 시냅스에 있는 모든 작용들을 알고리듬화해서 컴퓨터에 집어넣을 수 있다면? 그래서 그 컴퓨터는 나의 사고와 동일한 패턴을 보이고 말도 똑같이 한다고 하면, 이 컴퓨터를 '나'라고 할 수 있는 것일까?[3] 결론이야 어떻든 중요한 건, 인간은 그저 데이터일 뿐이고, 특정 결과를 산출하는 절차나 방법, 즉 알고리듬에 불과한 존재로 전락했다는 것이다. 데이터를 생산한다는 측면에서 알고리듬만 있다면 사람이든 기계든 무관하다.

누군가의 음모가 있어서가 아니다. 인간이 스스로를 데이터화했기 때문이다. 소비자들은 자신의 정보를 데이터 뱅크에 올려 둔다. 자신의 체중과 키, 건강 정보뿐 아니라, 자신의 기억을

---

[3]   만일 그렇다면, 그런 컴퓨터 하드를 디가우징degaussing, 강한 자기장을 이용해 하드디스크를 지워 복구할 수 없게 만드는 기술 해서 데이터와 알고리듬을 모두 없애 버린다면, 그 행위는 살인 행위에 해당할까? 재물손괴죄에 해당할까?

오래 남기기 위해 데이터로 전환해 이곳저곳에 업로드한다.

인간은 스스로 몸의 증상을 자각하지 못하고, 데이터 분석을 통해 스스로를 이해하게 됐다. 의사도 지금 내 몸에 있는 어떤 신체적 현상보다는 내 몸을 데이터로 쪼개어 기록하고, 그런 차트를 통해 내 몸을 해석한다. 지금은 데이터 없이 인간을 이해할 수 없는 시대다. 더욱 오래 살고, 인간을 위한 문명을 만들고자 노력한 것뿐인데, 인간은 데이터의 노예가 돼 버렸다.

산업 시대를 거쳐 발명된 개인은 스스로 결정을 내리고 인생을 살 수 있는 자유 주체였다. 하지만 데이터 시대의 개인은 더 이상 모든 것을 이해하고 결정하는 자율 주체가 아니다. 개인은 그저 데이터 네트워크에 연결된 알고리듬으로 전락했다. 시장에서는 개인을 둘러싼 키워드 데이터가 그/녀에게 어떤 '의미'인지 살피기보다, 그것이 구매를 유발할 수 있는 키워드인지 따지는 게 미덕이 됐다.

	1	2	3	4
행동 코드	움직임	머무름	움직임	머무름
시대 구분	수렵시대	농경시대	산업시대	과학시대
공동체	신의 동산	농촌/ 마을	시장	데이터 플랫폼
사건	이성의 탄생	개인의 탄생	기계의 탄생	인공지능의 탄생
소외 양상	에덴으로부터 추방	마을로부터 분리/ 독립	자본으로부터 소외	데이터로부터 소외

인간은 끊임없이 추방당하고 고립되고, 자율과 존재감을 박탈당해 왔다. 인간이 온전히 이해받고 인간됨의 본질을 회복하고자 하는 끊임없는 노력이 필요하다. 소외에서 오는 실존적 외로움, 고립감을 극복하려는 노력과 태도가 필요하다.

에덴동산 이후로 인류는 지금까지 추방, 독립/고립, 소외 등의 과정을 겪으면서 본질적 고독의 상태를 경험하고 있다. 신과 연결되어 있던 태초의 상태로부터 단절됐고, 마을 공동체와의 연결고리가 끊어졌으며, 기계로부터, 자본으로부터 소외됐고, 인간의 본질이 데이터로 이해되면서 알고리듬으로 전락했다.

인류의 역사는 이동(수렵 채집)-머무름(농촌/마을 공동체)-이동(상업의 발달, 시장의 성장)-머무름(나의 모든 것을 온갖 데이터 뱅크에 저장)… 등의 코드 교차를 통해 전개돼 왔으며, 그 과정에서 홀로 선 인간은 끊임없는 소외의 역사를 경험했다.

개인이 느끼는 이 소외와 불안감은 소셜 네트워크에서도 찾아볼 수 있다. SNS를 보면 많은 이들이 외로움, 고립감, 쓸쓸함을 느끼고 있으며, 이를 해소하기 위해 감정을 공유하고 있다. '#외로움' 해시태그는 6만 8,668건을 찾아볼 수 있고, #loneliness(134만 4,836건), #solitude(206만 8,362건), #혼자

(144만 2,209건) 등 키워드는 점점 증가하고 있다(인스타그램, 2020년 6월 11일 기준).

시장은 결코 이런 지점을 놓치지 않는다. '외로움 시장Lonely Market'이라는 개념까지 고안했다. 외로움 극복을 위한 다양한 '공동체 비즈니스' 혹은 채팅과 만남을 열어 주는 '소셜 디스커버리 비즈니스'까지 전개되고 있다. 이 근본적 외로움, 본질적 소외감은 어떻게 극복할 것인가?

브랜드의 책임감은
개인의 행복감

우리 시대의 브랜드가 응답해야 할 문제가 있다면, 바로 개인의 소외를 극복하고 행복의 차원으로 나아갈 수 있도록 돕는 것이 아닐까?

우리가 가진 고정 관념은 '기업의 존재 이유는 영리 추구'라는 것이다. 하지만 기업의 역사를 살펴보자. 개인이 마을 공동체에서 떨어져 나와 홀로 삶을 살아가야 할 때, 개인이 홀로 수행해야만 했던 경호, 의료, 보험, 교육 등 많은 기능을 국가와 더불어 기업이 제공하기 시작했다. 기업은 이미 오래전부터 개인이 겪고 있는 문제를 해결하기 위해 창업을 했고, 개인에게 필요한 역량을 배양할 수 있도록 돕는 조력자 역할을 해 왔다. 그리고 생각해 보면 성공한 기업들은 개인의 행복과 이익이 무엇인지 끊임없이 묻고 답한 브랜드들이다. 기업의 성공은 원래부터 고객의 행복과 직결되어 있었다는 점을 환기시킬 필요가 있다. 기업의 사회적 책임은 개인의 행복을 위한 경영 활

동에 있다. 개인을 위한 행복 경영은 '연합된 개인(=공동체)'
들을 위한 경영으로 이어질 것이다. 이는 공동체를 이루는 모
든 개인의 삶의 질을 올릴 솔루션(상품, 콘텐츠, 서비스 등)과
의미 제공을 통해 달성될 수 있을 것이다.

'행복'을 의미하는 그리스어 '에우다이모니아εὐδαιμονία,
eudaimonia'는 '잘에우εὐ, eu', '나누어진 다이몬δαιμον, daimon', '상
태-ία'를 의미한다. '다이몬δαιμον'은 먹이의 평등 분배를 의
미하는 '다이오δαίω, daio'에서 파생됐다. 우리가 아는 '데모스
δῆμος, dêmos'는 바로 이 '다이오δαίω'에서 파생된 단어다.[4] 민
주주의δημοκρατία, dêmokratía 개념을 구성하는 '데모스δῆμος'
는 '민중', '가난한 사람'이라는 뜻 외에 '나누어진 땅'을 의미

---

4   ΜΑΝΤΟΥΛΙΔΗΣ ΕΥΑΓΓΕΛΟΣ, 《ΕΤΥΜΟΛΟΓΙΚΟ ΛΕΞΙΚΟ ΑΡΧΑΙΑΣ
     ΕΛΛΗΝΙΚΗΣ》, ΕΚΠΑΙΔΕΥΤΗΡΙΑ ΜΑΝΤΟΥΛΙΔΗ, 2009. p.66.

하기도 했다. 이러한 맥락에서 민주주의는 기본적으로 경제적 관점에서 다시 고찰될 필요가 있다. 민주주의는 기본적 필요에 대한 평등 분배를 원리로 하는 '행복 통치 시스템'이어야 한다. 그래서 브랜드가 개인의 행복에 응답해야 한다는 말은, 브랜드가 민주주의의 새로운 본질(행복 통치)을 추구해야 한다는 말과 같다. 민주주의를 '행복 통치'로 해석하는 한에서 모든 브랜드는 사람들의 행복을 책임지는 '민주주의 브랜드Democratic Brand'가 되어야 한다.

이미 전 세계의 브랜드들은 자기 영역에서 공동체의 행복에 기여하는 나름의 방식을 실천하고 있다. 이른바 '브랜드 액티비즘Brand Activism' 시대가 열리고 있는 것이다.

"이 재킷을 사지 마세요Don't buy this jacket."

DON'T BUY
THIS JACKET

It's Black Friday, the day in the year retail turns from red to black and starts to make real money. But Black Friday, and the culture of consumption it reflects, puts the economy of natural systems that support all life firmly in the red. We're now using the resources of one-and-a-half planets on our one and only planet.

Because Patagonia wants to be in business for a good long time – and leave a world inhabitable for our kids – we want to do the opposite of every other business today. We ask you to buy less and to reflect before you spend a dime on this jacket or anything else.

Environmental bankruptcy, as with corporate bankruptcy, can happen very slowly, then all of a sudden. This is what we face unless we slow down, then reverse the damage. We're running short on fresh water, topsoil, fisheries, wetlands – all our planet's natural systems and resources that support business, and life, including our own.

The environmental cost of everything we make is astonishing. Consider the R2® Jacket shown, one of our best sellers. To make it required 135 liters of

COMMON THREADS INITIATIVE

REDUCE
WE make useful gear that lasts a long time
YOU don't buy what you don't need

REPAIR
WE help you repair your Patagonia gear
YOU pledge to fix what's broken

REUSE
WE help find a home for Patagonia gear
you no longer need
YOU sell or pass it on*

RECYCLE
WE will take back your Patagonia gear
that is worn out
YOU pledge to keep your stuff out of
the landfill and incinerator

REIMAGINE
TOGETHER we reimagine a world where we take
only what nature can replace

water, enough to meet the daily needs (three glasses a day) of 45 people. Its journey from its origin as 60% recycled polyester to our Reno warehouse generated nearly 20 pounds of carbon dioxide, 24 times the weight of the finished product. This jacket left behind, on its way to Reno, two-thirds its weight in waste.

And this is a 60% recycled polyester jacket, knit and sewn to a high standard; it is exceptionally durable, so you won't have to replace it as often. And when it comes to the end of its useful life we'll take it back to recycle into a product of equal value. But, as is true of all the things we can make and you can buy, this jacket comes with an environmental cost higher than its price.

There is much to be done and plenty for us all to do. Don't buy what you don't need. Think twice before you buy anything. Go to patagonia.com/CommonThreads or scan the QR code below. Take the Common Threads Initiative pledge, and join us in the fifth "R," to reimagine a world where we take only what nature can replace.

patagonia®
patagonia.com

재킷을 사지 말라는 재킷 광고. 파타고니아의 광고였다. 옷을 만드는 과정에서 환경이 파괴되니 재킷이 정말 필요한지 생각하고 사라는 메시지를 전하는 광고. 〈포춘〉지에 따르면, 파타고니아의 진정성에 감동한 소비자들 때문에 매출이 40% 급성장했다고 한다.

파타고니아는 아웃도어 브랜드 가운데 존경받고 있는 몇 안 되는 브랜드다. 환경 문제를 최소화하면서 환경 오염을 해결하기 위한 사업을 하고자 하며, 오래 입을 수 있는 좋은 품질의 옷을 만들어야 불필요한 소비를 막을 수 있다고 생각한다. 매출의 1%를 자연에 돌려주는 '지구세'를 내고 있는데, 1973년 창립부터 2017년까지 전달된 지구세만 979억 원이다.

'큰 기업'보다 '좋은 기업'이 되고자 하는 브랜드. 이 브랜드는 행복을 위한 기본 조건 중 하나가 환경의 지속가능성이라는 것을 알리고 있다. 환경 차원에서 지속가능한 미래를 고민하는 소비자들에게 지구를 위해 할 수 있는 행동이 무엇인지 알려 줬다. 제품을 구매하지 않더라도 이 메시지를 보며, 소비 활동이 환경에 미치는 영향을 새로 알게 된 개인도 있을 것이다. 파타고니아는 자기 업에서 공동체에 필요한 메시지와 의미가 무엇인지 정확히 알고 행동하는 민주주의 브랜드다.

나이키 역시 공동체를 구성하는 개인들에게 필요한 가치와 지향점을 명확히 드러내는 브랜드다. 미식축구 선수 콜린 캐퍼닉은 경기 전 국가가 나올 때 기립하지 않고 한쪽 무릎을 꿇고 앉는 퍼포먼스를 취했다. 인종 차별을 하는 나라에 존경을 표할 수 없다는 이유였다. 나이키는 그를 브랜드 광고의 모델로 선택했다. 공동체에 필요한 메시지를 전하기 위해서였고, 이는 나이키가 추구하는 정신과도 일치했기 때문이다. 나이키는 개인들에게 이렇게 외친다. '신념을 가져라. 그로 인해 모든 걸 잃더라도.'

콜린 캐퍼닉을
모델로 한 광고.

아디다스는
나이키 인종 차별
반대 촉구 캠페인을 리트윗했다.

나이키는 최근 미국 흑인 조지 플로이드 사망 사건 이후, 인종 차별에 반대하는 또 다른 캠페인을 공개했다. 나이키의 대표 슬로건 'Just do it 그냥 한번 해 봐'을 변형한 슬로건 'For Once, Don't do it 이번 한 번만이라도, 하지 마'이라는 카피를 내세워 인종 차별 반대를 촉구했다. 이 캠페인이 화제가 된 건 그 메시지 때문이기도 하지만, 나이키의 경쟁사인 아디다스가 이 캠페인 영상을 트위터에 공유하며 '함께해야 앞으로 나아갈 수 있다. 함께해야 변화를 만들 수 있다 Together is how we move forward, Together is how we make change'는 메시지를 남겼기 때문이다.

나이키와 아디다스는 10대부터 50대에 이르기까지 매우 영향력이 높은 글로벌 브랜드다. 이런 브랜드가 외치는 메시지는 학교에서 배우는 인종 차별 반대 교육보다 파급 효과가 크다. 그리고 이 메시지를 받아들인 개인들은 캠페인을 공유해 나가는 동시에, 스스로 건전한 시민의식을 함양해 나가게 된다.

　국내의 경우에도 소비자가 '갓'자를 붙여준 기업이 있다. 오뚜기와 LG다. 삼성 이재용 부회장이 상속세로 16억 원을 낼 때, 오뚜기는 상속세 1,500억 원을 5년 분납으로 내겠다고 해 시민들의 호감을 샀다. 재벌은 모두 편법을 동원할 거란 믿음에서 벗어나 사회 질서를 바로잡을 수도 있겠다는 작은 희망을 갖게 했다. LG는 오래전부터 마케팅이나 홍보력을 동원하지 않는 '남몰래 선행'들이 SNS에서 지속적으로 알려지면서 '갓LG'로 등극했다. 브랜드의 이런 실천들은 공동체의 상식이 무엇이고, 개인들이 어떻게 살아야 할지에 대한 일정한 방향을 제시해 준다. 개인들은 이러한 사례를 소셜 네트워크에 공유함으로써 기업의 역할, 사회 정의에 대한 지적 수준을 올리게 되고, 이어 공동체의 시대정신을 만들어 나간다.

　개인마다 행복의 기준이 다르다. 행복감을 얻게 되는 영역도 다르다. 누군가는 빵 한 조각만 먹어도 행복하지만, 누군가는 더 많이 먹어야 불행하지 않다. 누군가는 환경을 아름답게 가꿀 때 행복을 느끼지만, 누군가는 과학 지식을 쌓아갈 때 행복하다. 누군가는 아름다운 노래를 들을 때 행복하지만, 누군가는 춤과 드럼을 배울 때 행복하다. 이처럼 개인마다 생각하는 행복이 모두 다르다. 과거에는 전체의 이해관계와 목표를 위해 개인은 희생될 수 있었고, 집단의 행복이 개인의 행복인 것으로 종용했다. 그래서 집안의 행복을 위해 정해진 배필과 혼인을 해야만 했고, 국가가 요청하는 방향대로 개인이 희생해야 했다. 하지만 이제는 공동체를 생각할 때 그 모든 개인들의 다양성과 다름을 인지해야 한다.

지금은 전 세계 모든 것이 네트워크로 연결되어 각 개인이 원하고 좋아하는 지식과 콘텐츠, 상품이 적절하게 큐레이션될 수 있는 시대가 됐다. 기술의 발전과 개인 정보 관련 법안들이 정비되면서, 기업은 점점 개인의 취향과 가치관을 정확히 파악하여 모든 것을 개인화할 수 있는 시대로 나아가고 있다. 집단을 위해, 소외되지 않고 개인의 취향과 행복을 포기하지 않아도 되는 시대. 진정한 개인화의 시대로 다가서고 있는 것이다.

기업의 입장에서도 개인화는 매출 증대를 위해 선택해야만 할 과제가 된다. 개인은 점점 더 자기와 무관한 정보와 상품에 관심을 보이지 않는다. 같은 상품을 팔더라도 설득 메시지가 개인화돼야 한다. 브랜드는 '이디오 브랜드Idio-Brand, 개인화 브랜드'[5]가 되고 있다. 개인의 고유성을 강화하기 위해, 그/녀의 라이프스타일에 맞춰 '자기 역량'을 강화할 수 있는 솔루션(상품, 서비스, 콘텐츠)을 제공하는 것. 이는 어느 개인의 개성도 소외

---

5   나는 이 개념을 개인의 고유성을 지원, 강화하는 개인화 브랜드라는 의미로 사용한다.

시키지 않으며, '연합된 개인'으로서의 공동체 역량을 증대할 수 있는 현실적인 방법이다.

'민주주의 브랜드'는 각 개인에게 필요한 솔루션을 잘 나누어 주는 브랜드다. 모든 이해와 방향은 복합적으로 얽혀 있지만, 우리가 최종적으로 얻어야 할 본질적 관점은 '어느 의미 하나도 소외되어선 안 된다'는 철학이다. 개인화된 브랜드는 개인이 추구하는 의미와 존재 이유를 강화해 나간다. 그렇게 브랜드는 개인이 스스로의 삶을 능동적으로 개척해 나갈 수 있는 힘을 부여해야 한다Empowering the self. 이를 통해 개인들은 자기 자신을 찾는 여정을 거쳐Discover myself, 스스로를 알게 되고Know myself, 자신의 진짜 모습을 회복하게 될 것이다Be myself. 자기다움을 회복한 개인들은 스스로를 드러내어Show myself 타자와의 연대, 협력, 감성의 공유를 통해 공동체의 행복감을 증폭시켜 나갈 것이다.

앞으로의 세계는 수많은 사람들의 꿈과 이상을 지원하며, 그들에게 최적의 삶을 살 수 있는 정보를 제공하고, 적절한 즐거움과 미적 감각을 제시하는 브랜드들로 가득 찰 것이다. 내가 감당하기 어려운, 지나치게 이상적인 메시지와 의미는 점점 힘을 상실하게 될 것이며, 소비자를 위한 모든 가치는 브랜드의 개인화를 통해 각자가 감당 가능한 수준의 의미로 전달될 것이다. 강력한 브랜드를 구축Building Strong Brands[6]하려는 과거의 모든 시도는 유연한 브랜드를 구축Building Soft Brands하려는 시도 앞에서 좌절될 것이다. 수백억 원의 광고와 캠페인으로 한 방에 브랜드를 키워 왔던 방식은 스테로이드 주사를 맞고 근육을 키우는 것과 크게 다르지 않다. 역설적으로 브랜드에서 힘을 빼고

---

6   'Building Strong Brands'는 전통적으로 브랜드를 관리하는 전략을 수립한, 데이비드 아커 박사의 책 제목이자, 브랜드 자산 관리에 대한 중심 관점이기도 하다.

개인 소비자에 맞춰 유연하게 관리하면 할수록, 브랜드에 대한 사람들의 접근권은 강화될 것이고, 브랜드가 제안하는 다양한 가치는 공동체의 삶에 더욱 내밀하게 흡수되어 삶의 다양한 의미를 생산하는 데 기여할 것이다.

의미의 다양성은 공동체가 건강해지기 위한 기본 요건이자, 브랜드를 건강하게 키우는 필수 조건이다. 브랜드의 책임감이 개인의 행복감으로 연결되는 시대. 그런 시대는 이미 가까이 다가오고 있다.

어느 누구도
소외되지 않은 시대를 위하여

브랜드는 시간을 머금고 있다.

브랜드는 그것을 만들고 키워낸
공동의 노력으로 가득 차 있다.
시간은 차곡차곡 쌓여
브랜드가 스스로 버틸 수 있는
힘이 되어 준다.

그래서 브랜드는 공동체에 책임이 있고,
공동체에 기여해야 한다.
공동의 행복감을 위하여,
어느 누구의 입장이나
어느 누구의 의미도
소외시키지 않기 위하여

어느 누구도 불행하지 않은 시대를 위하여-

브랜드의 책임감은
공동체의 행복감이고,
이는 개인으로 수렴한다.

브랜드는 기호 Sign의 다양성을,
의미의 깊이와 두께를,
세계의 입체감을,
지향해야 한다.
이로써,
우리가 정확히 반대로 실천하면 될 것들:
선생은 평화다
자유는 노예다

무지는 힘이다

War is Peace

Freedom is Slavery

Ignorance is Strength[1]

여러 시대에는 언제나

이항대립이 존재해 왔다:

남성과 여성

가진 자와 못 가진 자

문화와 자연

문명과 야만

중심과 주변

---

1   George Orwell, 《1984》, Kindle Edition, Kaf Publishing, p.5.

순수와 오염

도시와 시골

시장과 마을 공동체

신앙과 이성

중앙 정부와 지방 정부

로고스와 뮈토스

...

'역사는 이들 사이의 투쟁사'라는

관점이 맞는 한에서,

지금까지의 역사는 빈틈없이,

매우 내밀하고, 노골적으로

기록되어 왔다.

행복은 분명 화합과 균형, 조화의 것이므로,

"행복의 시대는 역사에 백지로 남을 것이다."[2]

그럴 일이 있을 것인지 여전히 의문이지만,
나는 역사가 백지로 남길 희망한다.

---

2   G.W.F. Hegel, 《Letures on the philosophy of world history》, Cambridge
     University Press, 1975, p.79.

의미의 발견

물건이 아닌 의미를 파는 법

1판 1쇄 발행 2020년 7월 13일
1판 4쇄 발행 2022년 5월 13일

지은이　　최장순

펴낸이　　이민선
편집　　홍성광
디자인　　박은정
제작　　호호히히주니 아빠
인쇄　　신성토탈시스템

펴낸곳　　틈새책방
등록　　2016년 9월 29일 (제25100-2016-000085)
주소　　08355 서울특별시 구로구 개봉로1길 170, 101-1305
전화　　02-6397-9452
팩스　　02-6000-9452
홈페이지　　www.teumsaebooks.com
페이스북　　www.facebook.com/teumsaebook
인스타그램　　@teumsaebooks
네이버 포스트　　m.post.naver.com/teumsaebooks

ⓒ 최장순, 2020

ISBN　979-11-88949-23-6　03320

이 도서의 국립중앙도서관 출판예정도서목록(CIP)은 서지정보유통지원시스템 홈페이지
(http://seoji.nl.go.kr)와 국가자료종합목록 구축시스템(http://kolis-net.nl.go.kr)에서 이용
하실 수 있습니다. (CIP제어번호 : CIP2020026854)